3,000社超のコンサル経験を持つ

小山雅敬

経営相談室

運送業

コヤマ経営
小山 雅敬 著

Part
2

日本法令

　「運送業経営相談室」の初版を2015年6月に発行してから約7年が経過し、この度、その続編を書かせていただくことになりました。

　初版の発行から現在までを振り返ると、運送業の経営環境は大きく変化してきました。2019年頃までは運送業界の人手不足がますます深刻化し、ドライバー人材の確保に奔走する会社が各地で急増しました。また、働き方改革に関連して新しい法律が成立し、順次施行されて、事業者がその対応に追われ始めた時期でもありました。運送業の働き方改革を進めるため、国土交通省による標準貨物自動車運送約款の改定や「標準的な運賃」の告示などの動きもありました。政府の後押しを受けながら、ようやく運賃交渉や労働時間の短縮に舵を切ろうとする事業者が出始めた時期でもありました。

　ところが、2020年以降の数年間は新型コロナウイルスの感染拡大により、状況がまさに一変しました。新型コロナウイルスが世界中の国々で猛威を振るい、運送業界だけでなく、日本経済全体が大きなダメージを受けました。コロナ禍の最中は、求人対策よりも感染防止対策や雇用維持の対策にシフトする会社が急増しました。コロナ禍で荷量が落ち込む一方、飲食や観光など他業界から人材の流入があり、運送業の人手不足感も一時的に緩みました。コロナの感染拡大が始まったのは丁度、運送事業者が「標準的な運賃」を活用して運賃交渉に臨もうとしていた矢先であり、突然のコロナ禍で荷主企業の業績も急速に悪化したため、運賃交渉どころではなくなりました。多くの運送会社が初めて経験する災難に戸惑いながらも、なんとか乗り切ってきた感があります。

　そのような激変の環境下ではありましたが、直近の2021年秋以降は経済活動の再開に伴い、運送業界はまた以前のように人手不足の様

相を呈してきました。また、最近では燃料価格の高騰が経営を圧迫しています。

　これから新型コロナウイルスの感染拡大がどのように推移するのかわかりませんが、いずれにしても目まぐるしく揺れ動く経営環境に翻弄されないように、運送会社は今のうちに今後の経営方針を固め、社内体制を整備して、安定的な経営基盤を築いておく必要があります。

　本書は、初版と同様、物流業界の業界紙である物流産業新聞社の「物流 Weekly」紙に連載したコラムの内容をテーマ別に分類し、最新の状況に合わせて加筆修正したものです。なお、運送会社の合理的な賃金体系の作り方については特に相談が多いため、一部新たに書き下ろしています。

　本書の内容は筆者が日々、運送会社のコンサルティングを行う中で実際に相談を受けた内容を中心にまとめてあり、運送業の経営者や管理者の皆様、および運送業に関連する業界の皆様の参考にしていただければ幸いです。

2022 年 4 月　　著　者

① 人材確保（求人・定着）対策

② 社員のやる気を高める 人事・賃金・教育制度

⑤ 生産性向上対策

⑥ 働き方改革への対応策

[7] 事業承継対策とその他の経営課題

1

人材確保 (求人・定着) 対策

会社の魅力を公表しなければ
求職者に伝わらない

現在、人手不足の対策に頭を痛めています。時々ホームページ経由で採用面接に来る人がいる程度で、まったく人が足りません。当社の賃金は高いほうだと思います。退職金制度も整備しました。他に何をすればよいのか教えてください。

A

　私が訪問した運送会社の例を挙げます。その会社は大手食品メーカーから受託した配送を中心に営業範囲を拡大し、毎年安定した業績を維持していました。相談内容は人材確保対策でした。4トン車を中心に60両超、大型車も10両程度保有しており、地元では中堅規模に位置付けられる会社ですが、とにかく募集をかけても人が来ないという悩みでした。既存社員の賃金額を尋ねると、その会社の賃金水準は周辺の同業他社より、平均して月額1〜2万円ほど高い水準でした。賞与も毎年支給しています。無理な長時間労働もなく、労働条件としては他社よりかなり優位性の高い会社でした。さらに、今年に入って社員の定着を促進する方針を打ち出し、退職金制度を新設するなど、着々と整備を進めていました。社長の話を伺っていても、「人を採用するために労働条件を改善する必要があると思っています」と大変前向きな素晴らしい考え方の経営者でした。

　ところが、その会社のホームページからは会社の優位性が伝わってきませんでした。私が「御社のホームページを拝見したところ、今お聞きした会社の優位性についてどこにも書かれていないようですが」

と尋ねると、社長は「労働条件の項目に「賞与、退職金制度有り」と書いてありますが」との回答でした。よく見ると確かに1行書いてあります。

　他の中小運送会社で、賞与を毎年欠かさず支給しているところは稀です。退職金についても未整備な会社が多く、制度があっても中退共制度を活用して少額を積み立てている会社が大半です。30年勤続して300万円支給されれば良いほうだと思います。それが中小企業の実態です。採用面接で来社する人はほぼ全員、会社のホームページを確認してから来ていますので、その会社は制度の優位性をもっとアピールすべきです。「具体的に制度の中身を伝えたほうがよいですよ。社員インタビューの欄で会社の良い点をアピールしてもよいでしょう」と伝えました。

　また、その会社はスマートフォン向けのホームページをまだ作っていませんでした。今、求職者はスマートフォンで会社を検索しています。若い人の情報源の約8割はスマートフォンです。求職者に最も身近なツールを、その会社がまだ活用していない実態に驚きました。スマートフォンから、電話やメールですぐに問合せできる体制を作らなければなりません。

　ヒアリングを続けると、賃金以外にも沢山の他社比優位性が見付かりました。デジタルタコグラフやドライブレコーダーなど車両設備に投資をしていました。社員教育に大変力を入れており、外部研修に積極的に社員を参加させ定期的な勉強会も開いて育成を行っていました。財務内容は安定しており、今後も必要な投資に資金を投下できる財務体質を維持していました。このような車両設備の優位性、社員教育の取組み、財務内容の優位性など、外からは見えない多くの優位性が見付かったのです。どんなに良い点があっても、それを外部に正しく伝えない限り、求職者にはまったくわかりません。人材確保の対策は社内整備を進める一方、社外へ向けたアピールを同時に行うことが

非常に大切です。

　また、今は「働きやすい職場認証制度」がスタートしています。第三者機関の審査により、一つ星等の認証を取得することで、客観的に会社の働きやすさをアピールできます。認証を取得して、求人票やホームページに記載することで、より説得力のある募集が可能になります。公的な認証を積極的に取得し、併せて会社の取組内容を求職者にわかりやすく知らせることが大事です。

高齢ドライバーに
イキイキと働いてもらいたい

Q1-2

当社は高齢のドライバーが多く、将来の人手不足が心配です。高齢者にはできるだけ長く勤めてほしいと思っています。定年後もイキイキと働いてもらうためには、どのような対策が必要でしょうか？

A

　現在の人手不足は将来に向けてさらに深刻になることが予想されます。若手社員の採用がますます困難になる中、豊富な経験を持つ高齢ドライバーは貴重な戦力であり、できるだけ長く働いてほしいと考える会社が増えています。統計上も60歳以降の自動車運転者の比率は年々上昇しており、全体の約1割を占めるようになっています。今後はさらに高齢者の比率が高まるでしょう。

　高齢者にイキイキと働いてもらうためには、従来の高齢者に対する考え方を改めていく必要があります。意識改革の第一は、高齢者を「年寄り扱いしない」ことです。今の高齢者は10年前に比べ、体力も気力も10歳若返っているといわれます。60歳定年以降を高齢者と呼ぶことが多いのですが、実態は70歳を超えた人から「高齢者」と呼んでもよいぐらいです。実際に多くの運送会社で、中核社員として安定感のある仕事をしているのは、ベテランの高齢ドライバーです。定年後のドライバーを、一律に「嘱託ドライバー」として低賃金の固定給に抑え込む時代はもう終わったと考えるべきでしょう。むしろ、その経験を後輩社員の育成に向けて、さらに役立ててもらう必要があり

ます。

　「年寄り扱いしない」とは精神論的なことではなく、具体的に社内の制度として実施する必要があります。例えば「定年後の賃金を一方的に下げない」、「業績給や報奨金は従来通りに適用する」、「安全運転や作業の指導役として新たな役割をお願いする」ということです。高齢者の働くモチベーションを下げるのではなく、むしろ上げる方向に変えるということです。

　ただし、中には「自分はこれからのんびりしたいので楽な仕事に変えてほしい」と申し出るドライバーがいるかもしれません。その場合は、勤務日数を減らしたり、荷役作業の負担を軽減したりと、本人の意向に沿った仕事の与え方を考えてあげればよいと思います。大事なのは、会社が一方的に「高齢者は低賃金でもよい。楽な仕事を望んでいるはずだ」と決め付けないことです。

　これからは、定年年齢の見直し（60歳→65歳→70歳への変更）も検討すべきでしょう。毎日の点呼時に、血圧測定など高齢者の健康管理に対して細かい気配りをすると、本人も安心して働くことができると思います。また、定年後再雇用社員を対象とした「退職慰労金制度」の新設を検討してもよいと思います。金額の多寡は問題ではありません。再雇用後の最終退職時に退職慰労金があることが会社への貢献意欲と働く励みになるのです。従来の考え方では、人件費は定年前の現役社員に配分し、定年再雇用社員は補助的な位置付けでしたが、これからは定年後再雇用社員も「現役社員」同様に処遇することが求められます。

　人事制度で明確に表すのであれば、例えば経験年数や無事故実績、健康管理などで「マイスタードライバー」の称号を付与してもよいでしょう。全員の前で表彰し、その貢献と自己管理力を称えると本人のやる気はますます高まるでしょう。再雇用社員も同じ環境で存分に力を発揮してもらう風土が高齢ドライバーのやる気を高めます。

2021年4月の改正高年齢者雇用安定法により、雇用する高年齢者の65歳までの安定した雇用確保が企業の義務となるともに、70歳までの高年齢者の就業機会の確保が努力義務となりました。65歳以降の雇用については現在のところ努力義務なので、65歳時点で過去の安全運転状況、健康診断の結果、過去の勤怠状況等を考慮して継続雇用の基準を設けることも可能です。対象者を限定する場合でも恣意的に選別するのではなく、安全や健康状態等に問題がなく、働く意欲がある人には継続して会社に貢献してもらう環境を整えてください。

女性ドライバーが多い 会社ほど元気がある

当社は現在、女性ドライバーが1名在籍しています。今後積極的に女性ドライバーの採用を増やしたいと考えています。女性ドライバーが活躍している会社は、働きやすい職場づくりのためにどのような工夫をしているのでしょうか。

A

　我が国全体の労働力人口（15歳以上の人口のうち労働する能力と意思を持つ者の数。就業者数と完全失業者数の合計）を男女別のデータで見ると男性が横ばい傾向を示す一方、女性は年々緩やかな漸増傾向を示し、現在は過去最高水準の数値となっています。その背景には女性の社会進出が年々伸びていることがあります。

　ところが、「人手不足」を最大の経営課題とする運送業界の現状を見ると、女性ドライバーの比率は圧倒的に低く、トラックドライバー全体の3%程度にすぎない状況です。そのため現在、政府や全日本トラック協会が女性活躍推進に力を入れており、助成金の創設など様々な施策を進めています。運送業界が安定的に発展するために女性の活躍がキーポイントになるのは間違いありません。その点に気付いた運送会社はすでに女性の採用に力を入れ始めています。

　私が訪問した運送会社の中にも女性がイキイキと活躍している会社があります。小型トラックで化粧品や雑貨の配送を行っている関西の運送会社は、女性ドライバーをメインの戦力として位置付けています。社長は、女性ドライバーの細やかな気配りが配送先から大変喜ば

れていると話してくれました。また、九州のある運送会社では運行管理者資格を持つ女性社員の数が男性よりも多いと聞きました。その会社で私が講師を務めた運行管理の勉強会では、質問や意見を発するのは女性ばかりで、女性社員の積極的な発言が目立ちました。

　運送業で女性が活躍している会社を見ると、共通点があることに気が付きます。ほとんどの経営者が女性の受入れ態勢整備に取り組んでおり、特にロッカーやトイレ、休憩室等の整備など、女性が働きやすい職場環境に気配りをしていました。また、女性の体力面を考慮して、近距離の地場配送に配置し、パワーゲートなどの設備を導入して荷役作業の軽減化を図っています。中には女性社員だけを集めた会議を定期的に開催し、女性の要望を直接聞いて、改善すべき点はすぐに着手している会社があります。社内に自己申告制度を導入し、日頃の悩みや将来の目標などを共有化することでコミュニケーションを図るツールとして活用している会社もあります。一方で現場の管理者は、女性ドライバーに対して男性ドライバーに対する扱いとまったく変わらず、きびきびと業務指示を出し、指導しています。安全や物流品質に関して指導するときは、男性と同様に厳しく注意をしていました。そのような取組みをしている会社では、セクハラなどのハラスメント問題が発生する雰囲気はなく、皆が自分の役割を自覚して仕事をする社風となっています。

　女性ドライバーに長く活躍してもらうためには、育児や介護に対する支援体制、働きやすい労働時間の設定、子供が急病の時などに休暇が取得しやすい環境、女性相談窓口の設置、コミュニケーションの頻度を上げること、全社員へのハラスメント教育の実施など、やるべきことがあります。中には短時間で整備できないものもありますが、計画的に準備をして、女性に活躍してもらう取組みを進めていただきたいと思います。

　これらの整備は職場環境全体の改善につながり、女性に限らず全社

1　人材確保（求人・定着）対策

員の満足度を上げる効果があります。私の経験から見ても、女性ドライバーが活躍している会社ほど元気があるといえます。女性がイキイキと働いている職場は明るく活気があり、若い男性社員や女性ドライバーの友呼びを誘発し、さらにコミュニケーションの円滑な職場になる傾向があります。

「コミュニケーション」の制度化が社員の定着に向けた最大戦略

A

　職場の「コミュニケーション」は、社員の採用・定着に大きな影響を与えます。人事管理上、非常に重要な要素であり、管理職や職場のリーダーに対して繰り返し重要性を伝えている経営者の姿を時々見かけます。しかし、経営者がいかに「コミュニケーション」の重要性を伝えても、職場の管理者の中には自分から積極的に「コミュニケーション」をとることが苦手という人が沢山います。そして、苦手な人は現場でなかなか実行できません。管理者によって行動にばらつきが生じるのは、「コミュニケーション」を個人に任せて「任意」にしているからです。管理者は自分が果たすべき「仕事」と認識していないので、後回しになります。

　今、運送会社の最大の経営課題は人手不足です。「コミュニケーション」の有無は、会社の存亡に直結する重要な課題になっています。今後の経営管理においては「コミュニケーション」を制度化することが重要だと思います。制度化とは、日常決まって行う「仕事」にするということです。つまり、管理者の日課にするということです。そのためには、「コミュニケーション」を管理者の重要な仕事と位置

付け、その実行状況を業務報告の対象にしなければなりません。

　ある運送会社は、「コミュニケーション」を最も大事にしており、業務報告の主要部分を「コミュニケーション」の実行状況に充てています。例えば、新入社員1人に対して同じ職場の3人を指導役として指名し、新入社員に対してどのようなコミュニケーションをしたか、毎日書面で報告させています。その報告を社長が確認し、すべての報告書に社長のコメントを毎日記入しています。また、毎週行う管理職会議の中で管理職から新入社員の育成状況、本人の状態について報告させています。さらに、新入社員と社長の面談を頻繁に繰り返し、適切なアドバイスをしています。この会社は定着率が高く、新入社員の早期退職はまったく発生していません。社員が辞めない上に友呼びや口コミで入社する人も多いため、社長は「人手不足の悩みはない」と話してくれました。

　社内で均一な「コミュニケーション」力を構築するためには、管理ツールをうまく活用して日常のルーティンワークに組み入れる工夫が必要です。仕事として当たり前に実行するようになれば、苦手にしていた管理者にも「コミュニケーション」のとり方が次第に身に付き、自然に行動できるようになります。管理者の行動が変われば、自然に人材が定着する職場に変わるでしょう。

　ある機関が行った新入社員に対する意識調査では、今の会社を選んだ基準として「会社の雰囲気が良いこと」を一番の理由として挙げており、会社に望むこととの設問に対して「人間関係が良いこと」を一番に望んでいます。一方、仕事や職場生活に対する不安に関して「上司、先輩、同僚との人間関係」を挙げている回答が最も多くなっています。このように新入社員は勤務先に対して職場の良好なコミュニケーションを最も望んでいます。そのリード役になるべき現場の管理者に対して、会議等でしっかりと伝え、コミュニケーションスキルを向上するための研修を実施してください。

人手不足問題を
長時間労働抑制の契機にする

Q1-5

人手不足の影響でドライバーの負担が増しています。長時間労働の抑制が必要とは思いますが、ますます困難になっている気がします。長時間労働抑制のためにどのような取組みをしていけばよいのでしょうか。

A

　長時間労働の抑制は運送業界全体の重要課題です。この課題を改善しない限り、運送業界は今後も若手や女性、未経験者等の採用に苦労し、人手不足の問題解決が困難になります。一方で人手不足の急速な進行が、既存のドライバーをますます忙しくさせ、長時間労働を誘発するというジレンマに陥っています。

　このとき重要なことは「優先すべきことは何か」を押さえておくことです。今の仕事を従来通り無難にこなすことを優先すれば、ドライバーの長時間労働に依存せざるを得ません。しかし「人手不足の効用」（業界にとって悪いことばかりではないという面）に注目すれば、従来の仕事のやり方、荷主との付き合い方を思い切って転換する良い契機にもなります。今どちらを優先すべきか、それは明らかです。転換する少しの勇気と行動力があれば、今ならば実行可能です。

　私は、ほぼ毎日全国に出張し、運送会社の実態を見ていますが、今は以前とは状況が大きく変化しています。20年に1回起こる程度の大変化だと感じています。荷主の考え方も明らかに変化しています。人手不足は、荷主の物流体制維持に対する大きな不安要素になりつつ

あります。特に、実運送会社と直接関わっている物流子会社の危機感は非常に高まっています。「本気で雇用確保を考えないと、本当に物流体制が崩れるかもしれない」と考えています。

長時間労働抑制のためには、①荷主と共同で取り組まないと解決しない問題、②当社単独である程度解決できる問題、の2つに分けて取り組む必要があります。

常時発生する長い手待ち時間や荷主都合で変動する待ち時間、荷主の物流センター内設備の制約や荷主サイドで決められた非効率な作業手順、余裕のない着時間指定、小ロット多頻度配送など、荷主サイドに起因する問題は運送事業者だけで解決することはできません。荷主と一緒になって検討し、改善することが必要です。一方で、自社の社内システムや設備の改善、受託する仕事や荷主の選択、従業員との労働条件の決め方、シフトの組み方などの問題は、会社内で検討し、改善を進めることである程度解決することができます。

長時間労働の抑制は「これさえやれば一気に解決できる」という簡単な問題ではありませんので、一つひとつ改善を積み重ねるしかありません。人手不足の今こそ、社員の声を聞き、長時間労働抑制に取り組む必要があります。

若手社員定着のために
実行すべきこと

Q1-6

当社では、人材採用とともに社員定着の対策が課題です。最近、若手ドライバーの退職が連続して発生しており、何らかの対策が必要だと考えています。同業他社はどのような工夫をしているのでしょうか？

A

　運送業は最近の8年間、人手不足が最大の経営課題になっています。ぎりぎりの人数で繰り回している状況下で社員が定着せずに辞めていく事態は、経営に深刻な影響を及ぼします。特に、将来の基幹社員として期待していた中堅、若手社員が退職すると、経営者に大きな失望感と無力感を与えます。そのような経営者から、ドライバーの定着促進策に関する相談を受ける機会が多くなりました。

　退職者が集中する時期は定期的にやってきます。入社して3日、3か月、3年が「社員の辞め時」ともいわれ、「辞めたい症候群」が発生するこの時期をいかに乗り越えるかが重要です。もちろん、背景にある長時間労働の削減や過重な積卸し作業などに対する労働条件の改善が必要なことは言うまでもありません。しかしながら、今まで相談を受けた会社の中には、労働環境や労働条件が特に過酷ともいえない会社が含まれます。特段過酷な作業ではないのに、「仕事は好きですが、この会社にいても将来が見えないから」と言って辞めていった社員の言葉に大きなショックを受けた経営者もいました。

　社員の定着を図るためには、職場内の良好なコミュニケーションが

最も大事ですが、それだけでは十分とはいえません。今後は社員の家族とのコミュニケーションにも本気で取り組まなければなりません。特に今の若手社員は、良好な人間関係とともに、自分と家族の幸福感に仕事のやりがいや自己有用感を見出しています。家族の意見は会社選択や定着の大きな要素となっています。家族から「良い会社だね」と言ってもらえる会社になることが重要です。

　これからは家族に会社の取組み、特に安全対策などを積極的に伝えましょう。社員の家族を招いて懇親イベントを企画し、家族の慶事には社長名で会社から花や食事券などのプレゼントをしましょう。無事故継続や永年勤続で社員を表彰するときには、本人を支えた家族にも社長名で感謝状を出しましょう。「この会社と経営者のためなら多少仕事がきつくても頑張れる」と思ってもらえる環境を作ることが重要です。

　また、本人のやりがいを高めるために将来のキャリアプランを示してあげることが大変重要です。2トンから4トン、大型、トレーラーへとステップアップし、技能を高めることで処遇が上がる、管理者への道も開けるなど、明確で透明性のある社内制度を示すことが必要です。経営者のさじ加減で給与が決まるブラックボックスのような会社には若手社員は決して定着しません。これらの点をしっかりと行っている会社は実際に定着率が高いのです。

運送業の効果的な求人広告の作り方

Q1-7

地元の新聞やフリーペーパー、求人誌などに求人広告を出していますが、期待した応募や問合せがまったくありません。運送業に適した求人広告の作り方があれば教えてください。

A

　この数年、求人対策の相談を受けることが多く、運送業の求人広告を拝見する機会が急に増えてきました。「広告を出してもまったく反応がない」と嘆く会社の求人広告は、大抵の場合、大型トラックがずらりと並んだ車両の写真を掲載し、一般的な求人募集の文言が並んでいます。どこにでもある運送会社の広告です。

　それに対して、応募がコンスタントに来ている会社の場合は、求人広告に社員が笑顔で集う写真を掲載しています。広告内の文言もコミュニケーションの良さを前面に打ち出し、働きやすさを強調しています。特に、求人誌の場合は多くの企業が掲載しているため、求職者の関心事に絞って、訴求するポイントが明確な表現をしないと、その他大勢の広告に埋没してしまいます。

　過去の経験上、若年求職者の一番の関心事はその会社で働く社員の様子です。やりがいを持って働いているのか、コミュニケーションの良い職場なのか、に興味があります。写真だけでなく、文章でも風通しの良い職場、職場環境の整備や安全対策を徹底していることなどをアピールすべきです。掲載スペースがあれば、長期勤続の社員がいる（＝居心地の良い職場）ことや新入社員がイキイキと働いている（＝

丁寧な教育指導体制）こと、女性ドライバーが活躍している（＝働きやすい職場）ことなどをアピールしましょう。「免許取得支援制度有り」の記載は必須です。本人のスキルアップに会社が協力していることを伝える必要があります。

　また、募集広告は必ず、車種ごとに分けて記載し、その仕事内容を伝えて募集することが大事です。単なる「ドライバー募集」では応募がありません。例えば「10tウィング車ドライバー募集」のように車種や業務内容を絞り込む必要があります。ある中堅運送会社が、保有するすべての車種で人材が不足していることから、1回の求人広告の中でまとめて何種類もの車種のドライバー求人を行っていましたが、まったく応募がなく、それを車種単位に分けて広告を掲載したところ、応募者が増加した実例があります。

　求職者は自分が保有する免許や資格、経験などを活かせる仕事か否かを気にしており、「何でもよいから応募してください」では応募が来ません。そのため、会社が優遇する資格等については明記しましょう。例えば、「フォーク資格取得者優遇」、「大型免許取得者優遇」などです。求職者が自らの資格を生かせる職場を探していることを忘れてはいけません。

　そして最も重要な事項は、労働条件の記載です。賃金や休日、残業などを実態より良く見せるために実態と異なる記載をすることはNGです。応募してきた求職者が実態と違うと感じた時点で、ハローワークに相談され、SNSに悪評を流されて、その後二度と応募が来なくなることがあります。賃金欄の書き方に関しては、賃金の水準を「25万円～70万円」などと異常に幅広く設定し、上限を高めに記載すると、かえって余計な不信感を喚起しますので、金額の幅はできるだけ幅5万円程度の現実的な範囲で設定すべきです。また、求人広告には自社ホームページのQRコードを掲載し、より詳しいホームページの情報へ誘導することが重要です。

人手不足時代に運送会社が
着手すべき取組みポイント

Q1-8

深刻な人手不足に直面しており、人が集まる会社にするため経営管理全般を見直したいと考えています。しかし、どこから手を付けてよいかわからず着手できない状況です。今、運送会社が人材戦略の観点で経営を見直す際のポイントを教えてください。

A

「人手不足対策」といえば、とかく求人広告やホームページなど募集手法のみに関心が向かいがちですが、そもそも人が集まらない最大の理由は、働く職場としての魅力が乏しい、もしくは求職者に魅力が伝わっていないことにあります。この問題を解決するためには、単に求人票やホームページ等の作り方を工夫すればよいというものではなく、地道な経営改善によって会社の魅力を増やす取組みが必要になります。

人手不足に対応してどのような観点から経営改善に着手すればよいでしょうか。今、中小運送会社が行うべき経営改善の観点は大きく分けて3つあります。それは、①労働条件や労務管理面の整備、②求職者への伝え方の整備、③受入れ態勢の整備、の3つです。

① 労働条件や労務管理面の整備

根本的な対策であり、その内容は就業規則などの社内規程や労働契約書、各種帳票類など、人を雇用する際に必ず揃えておくべき労務管理に関する基本的事項の整備、納得性のある人事評価制度の構築と社

員への周知・賃金体系の整備（これが特に重要。コンプライアンス面やモチベーションの観点から見た改善）、長時間労働の是正、休日・休暇の増加および休暇を取得しやすい環境の整備、退職金制度の検討や福利厚生制度の充実などが挙げられます。これらの整備は「働きやすい職場認証制度」への申請と併せて進めるとよいでしょう。

これらの改善は一朝一夕にできるものではなく、経営トップの強い決断と着実な実行が必要になります。これらの問題点を放置したままで、単に募集手法だけを改善しても人材確保の効果は限られます。見栄えの良い求人広告やホームページを見て入社してきた人材は、入社後に会社の実情を見た途端、すぐに辞めてしまいます。

② 求職者への伝え方の整備

募集手法に関する取組みです。会社の PR が不足、または魅力の伝え方が不十分な会社は、求職者に認知されていないので応募が来ません。求職者へのアプローチ方法、社外への伝え方を改善する必要があります。求人票の書き方、求人広告の作り方（インターネットの求人情報サイトを含む）、自社ホームページの整備、会社説明会の実施、会社説明用ツール類の整備、募集看板やポスター等の設置、ポスティング等の利用を検討、車体求人広告の検討、自動車教習所との相互募集連携など、自社で取組み可能な方法を検討し、即実行します。手始めに求人票の抜本的な書き直しから実施するとよいでしょう。

③ 受入れ態勢の整備

入社した社員をサポートする体制作りです。不安を抱えて入社してくる社員をやさしく指導・教育する仕組みづくりが重要です。そのためには、まず管理者の意識改革が必要です。新人の指導方法やコミュニケーション向上策を管理者とともに話し合い、実行計画を検討します。その他、ブラザーシスター制度の検討、設備の改善（特に更衣

室、トイレ、休憩室）などが挙げられます。

　なお、求人対策とともに近年急増する労務トラブル対策を考慮すると、本来は①を先行して整備し、次に②や③に進む順番が望ましいです。しかし、前述した通り、①の整備には相応の期間を要するため、現実的には①～③の整備を並行して、早めに実施するほうがよいでしょう。

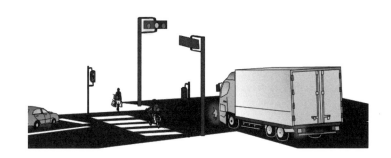

求人募集における「採用協力金制度」や「入社祝い金制度」の効果

Q1-9

運送会社が求人対策として実施する「採用協力金制度」や「入社祝い金制度」の効果について教えてください。

A

　毎日、全国の運送会社を訪問していると、「人がまったく集まらなくて本当に困っています」と悩む声を各地で多数聞かされる一方、時々「うちは募集すれば人が集まるので、今のところ不足感はありません。それより長時間労働の改善のほうが当面の課題です」などと答える経営者もいます。この差はどうして生じるのでしょう。

　もちろん、各社の労働条件や職場環境の違い等の要素もありますが、概して、求人募集に成功している会社を見ていると、社員の紹介（いわゆる友呼び）をうまく活用している実態が浮き彫りになります。ドライバー仲間の情報網は想像以上に広く緊密で、地域によっては求人票や求人広告を超えた呼び込み効果を生み出します。

　ある運送会社は「人材紹介報奨金」として、紹介による新入社員1名につき、金10万円をその紹介者である既存社員に支給しています。一括して支給するのではなく、新入社員が入社して1週間後に3万円を紹介者に支給、そのまま定着すれば3か月後に残りの7万円を紹介者に支給、と2回に分けて支給しています。他社では、各5万円を2回に分けて支給している例も見られます。また別の運送会社では、新入社員が紹介により入社するたびに、紹介者（社員）に対して1人当たり毎月1万円を「協力金」の名目で給与に上乗せして支給し

ています。該当の新入社員が会社に在籍している期間中、毎月継続して支給しています。その会社の経営者は「外部の求人専門業者に高額の費用を支払い続けるよりも、紹介してくれた当社の社員に還元して喜んでもらうほうがよい」との考え方です。

　上記は紹介者に対して支給する制度ですが、一方、入社した新入社員に対しても、「入社祝い金」を支給する例が多く見られ、募集や定着に一定の効果をあげています。入社祝い金は10万円程度がよく見られる金額であり、やはり一括支給ではなく、一定の間隔を空けて定着度合を確認した後、分割で支給しています。なぜこの制度が求人募集に効果を発揮するかといえば、求職者にとって入社祝い金は入社月の生活資金に充てられる大事な資金だからです。

　実際に運送会社に応募してきた新入社員から聞いた話です。通常、入社後の最初の給与は翌月の給与支払い日に受け取ることになりますが、貯金がまったくない人には入社後約1か月半にわたる生活資金が大変不安です。その点、入社祝い金は当座をしのぐ生活資金になるのです。

　これと類似した効果をもたらす制度が、入社後しばらくは日給制、その後は週ごとに分割して週給で支給する制度です。入社当初は完全固定給にして、働いた分を週ごとに早めに手渡すことで求職者に安心感をもたらします。

　なお、これと少し似ていますが絶対に導入してはいけない制度が「給与の前貸し」制です。これは借金に追われている人が強く願望するものですが、まだ働いていない給与分まで先に貸すことは、どのような理由であっても避けなければなりません。ある運送会社の実例ですが、前貸ししていた社員が会社に返済できなくなり、居づらくなったため、勝手に退職し、退職後すぐにパワハラと未払い残業代請求の名目で会社を訴えました。借金に追われている者は、会社に対する恩よりも目先の現金のほうに傾斜します。

このように、トラブルに発展しやすい前貸し制度はお勧めしません が、「採用協力金」や「入社祝い金」制度は適切に取り入れれば、求 人募集や定着に効果を発揮しますので、一度検討されるとよいでしょ う。

ドライバーの退職防止と
出戻り促進策は？

Q1-10

最近、会社を辞めていくドライバーが増えており、その対策に頭を悩ませています。当社への不満というよりも、条件がより良く見える同業他社へ転職する傾向があるようです。何か打つ手はないでしょうか？

A

　「最近辞めていく社員が増えて困っています」との相談を受けることが多くなってきました。人手不足の影響で、同業各社が求人対策にしのぎを削り、求人広告上で一見魅力的な条件で募集をかける会社が増加したことがその背景にあるものと思います。

　有利な条件を求めて簡単に辞めていく社員を自社に定着させるには、給与などの労働条件や作業環境の改善も必要ですが、職場の働きやすさも重要な要素です。辞めていくドライバーに退職理由を聞くと、会社内の人間関係を含む職場の「働きやすさ」の問題点が退職の原因であるケースがあります。毎日お互いに声をかけ合うコミュニケーションの良い職場は、社員の仲間意識が高まり、簡単に辞めてしまうことはありません。一方でコミュニケーションの乏しい職場では、折角採用できた新入社員が相談相手もなく孤立し、早々に退職する傾向が見られます。

　退職防止の対策としては採用後のフォロー体制が重要です。まずは現場の先輩社員の中から面倒見のよい社員を選び、新入社員の指導役を任じて、1～3か月の間、相談相手を務める仕組みを作らなければ

なりません。そして、社長以下幹部社員全員がその指導役と本人を積極的にフォローする体制を作ることが大事です。なお、社員数が多い中堅規模の会社では、作業現場において新入社員であることが一目瞭然で周囲にわかるように、ヘルメットの色を変える、腕章を付けるなど、周りの人がすぐに気付き、声がけや気遣いができる体制を作るべきです。また会社は、職場内のコミュニケーション向上に必要な飲食代であれば、一定額まで補助してコミュニケーションを促進する仕組みを検討すべきでしょう。

　このような定着対策を推進する一方で、辞めていく社員がまた会社へ戻りやすくなるような仕組み作りも重要です。自己都合で退職する社員は将来再入社の可能性がある社員ともいえるからです。慣れた会社を辞めていく社員は「次の会社にうまく馴染めるだろうか」と心の中に少しの不安を持って辞めていきます。退職時に不機嫌な態度を見せられたり恨み言を言われるのではなく、「君の退職は大変残念だが、次の職場でも頑張ってくれよ」、「いつでも戻って来いよ。待っているよ」と声をかけられ、「再入社優先カード（※）」をもらうと、「こんな辞め方をした自分が、またこの会社に戻って来てもよいのだ」と安心します。

> ※「再入社された場合、あなたが慣れた仕事に試用期間なしで働くことができます。」と書かれたカード。退職時に渡すことを推奨しています。

　ある関東の中堅運送会社では、この方法により、一旦辞めたドライバーがまた戻ってくることが多いのだそうです。また、退職時にあたたかい言葉で送られると、辞めた後に会社を恨んで残業代未払い等で訴えるような事態も発生しません。将来再び世話になる可能性がある会社だからです。労務トラブル対策にもなりますので、一石二鳥です。一度試してみてください。

高校新卒者の採用に
チャレンジしたい

Q1-11

我が社では今年から高校新卒者の採用にチャレンジすることを検討しています。取組みのポイントや注意点があれば教えてください。

A

　高校新卒者の採用活動はごく短期間に集中して行う必要があり、中途採用や大学新卒者の採用とは異なる点に注意が必要です。実質的な採用活動は6月から9月の4か月間に行われます。

　6月1日以降、ハローワークに求人申込書を提出し、7月1日以降にハローワークから確認印を押した求人票が返戻されたら、それを希望する高校に提出します。その際、単に書類を提出するだけでなく、経営者が直接高校を訪問し、自社の概要や業務の説明を行い、労働条件や教育の取組状況などを高校側に丁寧に説明し、理解を得ることが大変重要です。

　7月下旬から始まる夏休み期間中には、自社に関心を持ってくれた生徒が職場見学に来ますので、本人に直接説明する貴重な機会となります。職場見学には親子で来られることがありますので、職場内に周知し、当日は明るい挨拶で丁寧に迎えられるよう留意してください。

　9月5日以降、応募書類が高校から送られて来たら、選考日時を高校に連絡します。採用選考は9月16日以降に行います。採用試験実施後、7日以内に採否を高校に連絡する必要があります。なお、この日程は新型コロナウイルス感染拡大等の事情により1か月延長になる

など、変更になることがあります。

　このように高校新卒者の採用活動は、必ず高校とハローワークを通して短期間に行い、本人と直接面談する機会は少ないのが特徴です。

　また、高校新卒者の志向の変化にも留意が必要です。最近の若者は以前と価値観が変わりつつあり、給与の額よりも休暇や福利厚生、労働時間などに高い関心を持つ傾向があります。また、人間関係の良い職場を求める傾向が強く現れています。

　したがって、求人申込書の書き方も、働きやすさや新人のサポート体制、キャリアアップの仕組みなどに重きを置いて書く必要があります。この点、給与等の条件面を重視する中途採用の求人とは少しポイントが異なりますので、注意する必要があります。また、曖昧な労働条件や誤解を与えるような表現の求人申込書は受理されません。

　一方、新卒者も中途採用の求職者と同様に会社のホームページを閲覧して働きやすい会社を見極めようとしますので、ホームページを求職者用に魅力のあるものにする必要があります。しかしながら、見栄えさえ良ければ応募するという単純な行動ではなく、会社の評判なども詳しく見られます。

　例えば、長時間労働が常態化している、もしくは残業代の未払いで紛争が起きている、事故が多そうだ、あおり運転でニュースに出た会社だ、といった問題がありそうな会社は敬遠されます。これは新卒者の採用に限ったことではありませんが、コンプライアンス面の課題が残る会社は早急に改善しておく必要があります。

　ちなみに、若者の関心事をキーワードで並べると、次の通りです。

① ノルマなし　　　　　　　　② サービス残業なし

③ 事故弁償金なし　　　　　　④ やりがいあり

⑤ 賃金が明確　　　　　　　　⑥ 免許資格取得支援あり

⑦ 指導教育あり　　　　　　　⑧ 休暇あり

⑨ 職場のコミュニケーション良し　⑩ 将来性あり

⑪ 定着率高し

　これらのアピールポイントを踏まえた上で、社内の受入れ態勢を整備し、求人票や採用時の説明内容に反映してください。

求人広告の簡単な見直しで応募が急増！

Q1-12

求人広告を定期的に求人雑誌に掲載しているのですが、まったく応募が来ません。どのように作り変えればよいか、ポイントを教えてください。

A

　最近、関東のある運送会社で実際にあった事例をご紹介します。その会社は車両台数 13 両、社員数 17 名の小規模な運送会社でした。事務所は都市部から車で 1 時間以上離れた郊外に所在しています。このところ退職者が続き、空き車両が出たため、人材確保が急務でした。求人雑誌に定期的に広告を掲載していましたが、まったく問合せがない状態が続いていました。経営者は「この辺りでは募集しても応募が来ませんよ。○○市（県庁所在地）に営業所を出して募集するしかないかと考えています」と、完全にあきらめ顔でした。

　私は「求人誌に現在掲載している御社の広告を見せてください」と言い、現物を拝見しました。運送会社でよく見る定番の求人広告でした。トラックの写真が大きく掲載され、「大型ドライバー求む」と書かれた下に、労働条件が箇条書きで書かれているものです。私は即座に「これでは応募がないのは当然ですね。訴求力が足りません」と伝えました。その時、応接室で社長と話しながら、部屋の壁に一枚の写真が貼られているのに気が付きました。

　最近の社員懇親会の写真であり、居酒屋で全社員が笑顔で楽しそうに会食している姿が写っていました。私は「この写真を掲載してくだ

さい」と言いました。総務担当者は「運送会社の求人広告にお酒を飲んでいる写真を載せてもよいのですか？」と心配して尋ねましたが、「構わないので、掲載してください。そして写真の下に大きく『みんな仲良しです』と書いてください」と伝えました。「また、今の求人広告には御社のアピールポイントがまったく書かれていませんね。御社が訴求すべきポイントは、①仕事が安定した定期便であること、②手積み手降しがないこと、③毎日自宅に帰れること、④全線高速に乗務させていること、です。この条件でこれだけの賃金を支払っている運送会社はそう多くないですよ。自信を持ってアピールしてください」とも伝えました。「定期便で安定しています！ 手積み手降しはありません！ ○○～○○間全線高速利用です！」と大きく列記してもらうとともに、賃金は強調して大きめの字で記載してもらうようにしました。

　後日、求人広告を作り直して出した途端に４名の応募者がありました。長い間、応募者がゼロだったのに、いきなり採用予定数の倍の応募が来て、経営者は驚き、大変喜んでいました。「先生、予定より多く集まりました。次はどうやって選別すればよいですか？」と、採用者の選別の相談に変わったのです。どんな運送会社にも自社で気付いていない強みがあります。それを探して求人広告に載せればよいのです。

働きやすい良い会社にするためには

Q1-13

当社は社員数 30 名程度の中小運送会社です。荷主から信頼され、人が集まる会社にするため、会社をもっとコミュニケーションの良い働きやすい会社にしたいと願っています。他社ではどのような取組みをしているのか教えてください。

A

日々、全国の運送会社を回っていると、各地で「ここは雰囲気が良くて働きやすそうな職場だな」と感じる会社に出会います。そのような会社の共通点は、①社員の挨拶がしっかりしている、②経営者と社員とのコミュニケーションが密である、③時間に正確である、④レクリエーションや懇親会、無事故表彰など全員が顔を合わせる場を意識して設けている、⑤社員の家族と連絡をとっている、⑥社員教育に力を入れている、⑦事故が少なく、収益が安定している（財務面が堅調に推移）、などが挙げられます。

それらの会社が具体的にどのようなことをしているかというと、会社によって取組み方が異なるものの、例えば、次のようなことです。

① 経営者と社員との個別面談を定期的に設定

関西のある中堅運送会社の経営者は、100 人以上いる全社員と毎日 4〜5 人ずつ順番に個別面談をしています。面談は社員の趣味や興味のある話題など雑談を交えて打ち解けた雰囲気で行っています。

② 社員の家族に社内報を発送

　北関東のある運送会社は、社員の家族紹介、子供から父親への感謝の言葉、社員懇親会の写真、安全運転のポイント等を掲載した社内報を作成し、隔月で発行しています。社内報は社外の関連先にも配布しており、私の事務所にも毎回送られてきます。

③ 効果的な朝礼の実施

　北海道のある中堅運送会社では、事業所ごとに時間帯を変えて朝礼を３回実施しており、全員で行動指針の唱和、ハイタッチ、一言発表、等を行っています。経営者や全役員も毎回参加し、全社員が一体感を持つ貴重な場となっています。

④ 社員の勤務実績を掲示し、優秀者を報奨

　関東のある中堅運送会社では、全ドライバーの安全運転評価点、燃費、荷主アンケート結果、車両の抜き打ちチェック結果、運行の法令順守度、事故発生状況、等を社内に掲示し、定期的に上位者を報奨しています。全社員がやるべきことを認識しており、社内の活性化に役立っています。

⑤ レクリエーション

　南九州のある中堅運送会社では、ソフトボール大会、ボーリング大会、社内旅行等を毎年実施しています。費用は全額会社が補助していますが、強制参加ではなく、参加したい人だけの自由参加としています。

　このように各社各様の取組みを行っています。会社によって社員の年齢層が異なり、また業務内容によって全員の集合が困難なケースなど様々な事情がありますので、コミュニケーションの取り方は会社が

取り組みやすい方法を採用すればよいと思います。

　会社を変えていくために最も大事なことは、経営者が「会社を働き
やすい良い会社にする」と社内に力強く宣言することだと思います。
その上で言葉通りに実行することです。経営者の想いが社員に伝われ
ば、どのような施策であれ、社員は経営者の強い想いをくみ取りま
す。当初参加者が少なくとも、それを行動に移し、積み重ねることに
よって、次第にコミュニケーションの良い働きやすい会社になってい
きます。

社員が辞めない
働きやすい運送会社とは

Q1-14

当社の悩みは社員の退職です。特に、期待していた社員に辞められると大変落ち込みます。当社では新規採用より既存社員の退職を防止することのほうが重要だと認識しています。
社員が辞めない働きやすい会社にするポイントを教えてください。

A

運送業界は現在、深刻な人手不足に陥っていますが、経営相談で全国の運送会社を回っていると、時々「うちは人手不足感を感じていません。退職する者もいませんし、おかげさまで新入社員も社員の友呼びでよく入ってきますから」と話される経営者にお会いすることがあります。ほぼ20社に1社ぐらいの割合でそのような会社に遭遇します。

それでは、社員が辞めない会社、働きやすい会社とはどのような会社でしょうか。「これさえやれば社員が辞めない会社になる」という絶対的な施策があるわけではないのですが、多くの運送会社を見てきた経験からいくつか挙げてみると、次のような経営管理上の共通ポイントが存在すると思います。

① 職場のルールが明確になっている。
② 不公平感を感じない職場づくりをしている。
③ 個人の努力が正当に報酬に反映されている（もしくは反映す

1　人材確保（求人・定着）対策　　43

る仕組みを作っている）。

④ 社員を褒める職場風土がある。

⑤ 経営者がいつも社員に感謝している。

⑥ 挨拶や報告がしっかりできる社員が多い。

⑦ 職場の雰囲気を乱すような問題行動を起こす社員が発生した
ら、厳しく対処している。

⑧ 長く勤めるとうれしいご褒美がある。

⑨ 社員の家族が応援してくれる。

⑩ 会社の将来像を明示している。

以上のポイントを実務的に言い換えると、次のような経営管理と結
び付いています。

① 就業規則をはじめとする社内規定類や評価制度、教育制度が
整備され、社員に明示されている。

② 先輩社員による有利な仕事の独占を許さず、配車係が気に入っ
た社員に対する情実配車などの不公平な扱いをすることを禁
止し、不公平感を遮断している。

③ 仕事の成果のみならず、努力した過程を正しく評価し、賃金
等の処遇に反映している。「やってもやらなくても同じ」、「勤
続年数と働いた時間だけで賃金が決まる」という悪平等の扱
いを排除している。

④ 経営層や管理者が日頃から社員に声がけを行っている。「でき
たら褒める」を実践しており、社員が「もっと頑張ろう」と
前向きになる社風がある。

⑤ 経営者が直接、社員の家族に手紙で感謝を伝えている。

⑥ 朝礼や会議等の場で常に「挨拶」と「報・連・相」の励行を
徹底している。

⑦ 問題社員を放置せず、まじめに取り組む社員が悪影響を受けない職場環境を心がける（問題社員を曖昧な対応で放置すると、全体の士気を下げることになる。「悪貨は良貨を駆逐する」の状態を未然に防止する）。

⑧ 無理のない金額で退職金制度を新設し、支給対象者の勤続年数を前倒しして、入社後すぐ辞める社員を減らす（月例賃金に勤続給を導入することは退職抑止の効果が薄い）。

⑨ 社員の家族と連絡を密にする。

⑩ 中期経営計画を作り、会社の将来像を社内外に明示する。

人が集まる中小運送会社の事例

当社はこの1～2年、募集を出しても人が集まらず、人材確保に大変苦労しています。中小運送会社で人が集まる会社にはどのような特徴があるのか事例を教えてください。

A

　日本中の運送会社が人材確保に苦労している中、少数ですが、まったく苦労を感じていない会社も存在します。例えば、先日訪問したA社の経営者は「本当に今、全国的に人手不足なのですか？　人余りなのかと思っていました。うちは最近、新しく6人入ってきました。皆、若い人ばかりです。うちは今まで人手不足と感じたことはありませんね」と言われました。

　A社は地方の中核都市に所在する中規模運送会社です。近隣には私が人材確保対策の相談を受けて指導した運送会社が複数あり、決して人余りなどという地域ではありません。私は驚いて「そんな話ができる会社は非常に珍しいですよ」と答えました。A社はハローワークに求人票を出していますが、特段、求人対策に注力している様子はありません。なぜ若い人を中心に、続々とA社に集まってくるのか、その理由を経営者と話し合ってみました。

　A社が自覚しているのは、近隣他社より賃金が高いことでした。入社する社員に聞くと、多くが賃金の高さを理由に挙げているようです。A社の賃金が高い理由はその「営業力」にあります。A社は10年以上前に、大企業依存型の営業から地元企業との取引拡大を目指す

営業に大きくシフトし、地元の中堅中小荷主との取引を増やしました。安定しているが取引条件が厳しい大企業との取引から撤退して、荷主の分散化に努めました。それが功を奏し、現在は荷主に対して運賃交渉力を持つ高収益体質の会社になっています。

　A社の賃金体系は売上歩合が中心であり、無事故手当やデジタコボタン押し手当、配車協力度など業務貢献度を反映する評価手当を追加で支給するシンプルなものです。仕事の貢献度を賃金に直接反映しており、頑張る人が報われるわかりやすい体系です。

　また、地場配送が中心で長距離輸送が少ないため、休日を確実にとれることも人が集まる理由と思われます。A社は毎日曜日と隔週の指定休日1日を与えています。週休2日制ではありませんが、ドライバーから不満は出ていません。経営者は「繁忙期でも休日には必ず休ませています」と話してくれました。

　さらに、同社には社員の口コミで集まってくる人が多いようです。私はここがポイントではないかと思いました。ドライバー仲間の口コミは大変強い影響力を持っており、重要な求人募集の手段です。勤務している社員が働きやすい会社だと思い、友人等に勧めているのでしょう。経営者と話していると、会話の中に社員を想う言葉が頻繁に出てきます。「社員が喜ぶので○○している。社員のために○○したい」と繰り返す経営者の言葉の中にこそ、この会社に若い人がたくさん集まる理由を見たような気がしました。

「福利厚生」で人材を集める

Q1-16

当社は家具や雑貨などの配送をしています。人材確保に大変苦労しているので、これからは福利厚生に力を入れたいと考えています。運送会社が導入しやすく、ドライバー確保に効果的な福利厚生を教えてください。

A

「福利厚生」は、賃金や休日などと並び、重要な労働条件の一つです。運送業界は長年、荷不足・人余り状態が続いていたため、今まで中小運送会社では、あまり重視されない労働条件でした。ところが最近のドライバー不足を背景に、求人対策の一環として検討を始める会社が増えてきました。

全国の運送会社で見られる福利厚生の内容は多種多様ですが、特に求人に効果的な福利厚生は、大括りに見ると主に3つあります。それは、①医療健康に関する福利厚生　②住宅や子育てに関する福利厚生③資格取得補助やコミュニケーションに関する福利厚生、の3つです。これから検討を始める会社は、これらの中から会社の事情に応じて優先順位を付けて、順次取り入れることを考えるとよいでしょう。

①の医療健康に関する福利厚生は、ドライバーや庫内作業員など主に現業職の関心が最も高く、ドライバー等の人材募集に極めて効果的です。一例として、従業員がけがや病気で働けなくなった場合などに会社が援助する仕組みがあります。所得補償や通院費用等の補助等、

万一の際の保障を会社経費により保険で準備する取組みなどです。特に扶養家族を持つ従業員には安心です。また最近、若者の採用に効果的なのは、経済産業省の「健康経営」認証を取得し、会社の取組みをアピールすることです。私の関与先企業の中でも、複数の会社が認証取得により新卒者や若手の採用に成功しています。

　②の住宅や子育てに関する福利厚生は、主に遠隔地から人材を集める際に特に効果的です。例えば社員寮や独身寮、借り上げ社宅などを会社経費で準備する施策があります。住宅手当の支給よりも実質的な負担が少ない安価な社宅使用料で居住できるため、遠隔地から求職者を誘引する効果が高いのです。特に有効求人倍率が高い地域、若者のほとんどが大手企業に就職して中小運送会社に入らない地域などでよく検討されることがあります。また子育て支援では、託児所の設置や特定の保育園と連携するケースなどが見られます。女性ドライバーが仕事で、保育園まで子供を迎えに行けない場合に、タクシー会社と連携して、代わりに保育園に子供を迎えに行き自宅まで届ける仕組みを検討している運送会社もあります。その他、育児休暇の制度化も重要です。

　③の資格取得に関する補助は、多くの運送会社がすでに導入しており、運送業では必須の福利厚生といえます。トラックやフォークリフトの免許取得に加え、運行管理者や危険物取扱など業務に関する資格取得全般を対象に補助します。社員のスキルアップを支援する姿勢が人材募集には欠かせません。また、コミュニケーション支援ではクラブ活動の支援や社員間の懇親費用の支援、グループ旅行の費用補助など各社が工夫して実施しています。運送業はドライバー一人で行う業務が多いため、普段、全員でのコミュニケーションがとりにくい仕事です。経営者が意識してコミュニケーションを支援することで風通し

の良い職場を作ることができます。

　以上の福利厚生は、求職者に対して社員満足第一の企業姿勢をアピールすることができ、求職者に働きやすい会社とイメージさせる効果が生まれます。

若手社員の定着に向けた運送会社の取組事例

Q1-17

最近は求人募集をしても若年者の応募が皆無に近く、たまに入社してきても、すぐに退職する傾向があり困っています。若手社員の定着を図るために他の運送会社が行っている取組みの事例があれば教えてください。

A

私が関与している運送会社の中から、若手社員の定着のために実際に行っている取組事例をいくつかご紹介します。

A社は首都圏の郊外都市に所在する中堅運送会社で、個性的な経営者の強いリーダーシップの下、近年業容を急拡大している会社です。A社には多数の若手社員が集まってきます。A社では「社員紹介制度」に力を入れており、新入社員募集に協力してくれた社員に対し、報奨金を支給しています。最近も口コミによる紹介入社がコンスタントに増加しています。職場では社員が互いに挨拶を交わし、笑顔があふれ、まるで部活動の先輩後輩の関係に似た仲間意識を持って働いています。

A社では若手社員の定着を図るため、社員間で懇親会を開く場合は、その費用の一部を会社が援助する制度を取り入れています。会社主催の社内行事も毎年定期的に実施していますが、経営者は「それだけでは不十分であり、働きやすい職場にするためには日常の非公式なコミュニケーションが最も大事」との考え方を持っています。翌日の

勤務に支障があるような飲酒はもちろん禁止ですが、上司と部下、職場の仲間など社員3人以上で会食する場合には、事前に会社への申請を条件として費用の一部を補助しています。

　また、別の運送会社B社は、社長と新入社員との面談を月1回の頻度で1年間実施しています。B社は関西の地方都市に所在する中小運送会社です。社長面談の他に、新入社員を管理する所属長には週1回の面談記録の提出を義務付けており、面談時に聴取した質問や要望事項、そのときに指導した内容などを報告させ、経営層で共有しています。その報告内容をもとに、経営層と上司が日常の声がけで本人を励まし、コミュニケーションを図るように努めています。B社ではこの数年、退職する社員がほとんどなく、高い定着率を継続しています。

　別の中国地方に所在する中堅運送会社C社では、未経験の新入社員が着用する帽子や腕章の色で他の社員と区別し、その色の帽子や腕章を付けている社員を見たら、全員が丁寧に教え、声がけをするように社内に徹底しています。全員で新入社員の面倒を見ようという取組みです。新入社員は社内の誰にでも気兼ねなく質問をすることができます。

　関東の地方都市に所在する中小運送会社D社は、新入社員に1年間サポート役を付けるメンター制度を取り入れています。新入社員と同じ業務に従事する既存社員の中から面倒見のよい社員を選び、新入社員の相談相手に指名しています。経営会議の場で先輩社員のメンターから新入社員の状況を聴取し、社長や役員が意識的に現場で声がけをするように努めています。また、社長とスタッフで手作りした社内報を隔月で発行しています。社内報には必ず新入社員の紹介を詳し

く載せて、趣味や特技などの人柄を全社員に伝え、職場の仲間意識を高めています。

　以上の事例からもわかる通り、若手社員の定着に成功している会社は、風通しが良く、仕事仲間のコミュニケーションが良好で、社内全体に新入社員を応援し、育てる意識がある会社です。何でもよいので自社でできることから取組みを始めてはいかがでしょうか。

2

社員のやる気を高める人事・賃金・教育制度

社員を育てたいなら修理代の自己負担や減点主義をやめよう

Q2-1

当社は、車両事故や商品事故を起こしたドライバーに損害の一部を負担させています。事故を減らす目的で従来から続けていますが、最近一部の社員から不満の声が出てきました。
今後、見直しを検討していますが、どのように見直せばよいか教えてください。

A

故意や過失で事故を発生させた社員にその損害の一部を負担させるやり方は多くの運送会社で行われています。法に基づき適正な範囲で損害賠償の請求をすること自体は問題ないのですが、一部の会社では、「社員が起こした事故の修理代は本人が負担してもらいたい」との考え方もあるように思います。

しかしながら、労働基準法は事前に賠償額を定めておくことや一方的に賃金から控除することを禁じています。例えば、保険料を節約する目的で保険免責額を高めに設定し、決められた保険免責相当額を運転者本人の負担にするというルールを定めている会社が時々見られますが、これは事前に賠償金額を定めるものであり、望ましいやり方とはいえません。その他にも、「修理代の○割は本人負担」と定め、本人の承諾なく「事故費」として給与から直接控除している会社も見られます。

運送会社の中には未だに旧態依然たるやり方が残っていますが、そもそもこれだけ人手不足が深刻化し、若い人材をいかにして運送業界

に呼び込めるかが最大の業界課題となる中、若手社員が最も嫌う事故賠償金制度を見直すことは必然の対策といえるでしょう。

　昔の制度は早めに見直し、新しい加点主義の制度に変えていきましょう。その際、事故防止に対する意識の向上と事故の損害賠償とは切り離して考えるべきです。具体的には事故賠償金制度を廃止して、「安全評価」制度の中で安全行動を評価し「安全評価手当」に反映する仕組みに変えることが考えられます。この考え方は事故に限ったことではなく、荷扱いや安全走行、洗車、マナーなど日常行動に対する評価の反映についても同様のことがいえます。仕事でミスがあれば賃金を減らす、できていれば減らさない、という減点主義では社員のモチベーションアップにつながりません。会社が社員に期待する行動を明示した上でその遂行度合を評価し、期待を上回る行動が見られた場合は賃金を上げる仕組みこそが社員のモチベーションにつながります。今後、社員を育てたいなら減点主義を廃止して加点主義に変えていくことをお勧めします。

　その際、実務的には必ずしも抜本的な改定を行う必要はなく、従来の意義が薄い手当を評価手当に変えて、手当額に120％の加点制度を追加することでも簡易に修正することができます。その改定で人件費に多少の持ち出しが発生したとしても、社員のやる気を引き出すことができれば生産性が上がり、メリットは大きいのです。

新人ドライバーにも早期に肩書きと役割を与えよ

新入社員のドライバーが入社1年以内に辞めてしまうことが多く、困っています。長く働いてもらいたいのですが、今後どのような取組みをしていけばよいでしょうか。

A

　現在、入社して1年以内に辞めるドライバー数が採用した人数の6割を占め、なんと入社後2週間以内に3割が辞めてしまったという、ある運送業グループ（50社）の統計データを見たことがあります。最近は人手不足の影響で、ドライバー人材は引く手あまたの状態です。そのため、気に入らないことがあると我慢しないですぐに辞めるという現象が各社で見られ、人材の流動化が一層進んでいます。

　せっかく採用できた人材には何とか長く働いてもらいたいと考える経営者が多いのは当然です。入社時に育成プランを示し、丁寧に指導教育を行いながら日常のコミュニケーションにも気を配る。多くの運送会社がドライバーの定着に向けて各社なりに工夫をされています。しかしながら、定着率がなかなか改善しないのはなぜでしょうか。

　私が長年継続してアドバイスしている運送会社の中に、定着率がほぼ100％という会社があります。長い間、辞めていく社員が1人もいないという事実は驚異的です。その会社が何をしているのかといえば、社長、幹部社員、先輩社員の誰もが新人の指導教育とコミュニケーションの役割を担い、社長に対する状況報告を徹底しています。日頃から経営者が「新入社員の育成と定着が管理者の最も大事な業

務」と公言しているため、社内に教育の精神が満ちあふれています。そして、新入社員がしばらく勤務して業務に慣れてくると、すぐに「リーダー」の役割を命じています。

　リーダーといっても新人なので、管理監督業務ではなく、例えば「マナー推進リーダー」など比較的簡単な業務の社内推進役を課しています。新入社員が先輩社員のマナーをチェックするのですから自分も率先して実行しなければなりません。役割と責任、権限を与えることで、なぜそれが大事なのかをその意味から理解することができます。また、現場で新入社員の側から先輩に働きかけることでさらにコミュニケーションが進みます。現在の若者の特徴に、「自ら進んでコミュニケーションをとることが苦手」という面があります。また、「貢献意欲があり、それなりの自信も持っているが、それを表現することが苦手」という面もあります。

　新入社員の定着を促進するには、身近な業務で役割と責任や権限を与えて、自己存在感を高めましょう。勤続１年を経たら「副主任」などの肩書きを付けて2,000〜3,000円程度の手当を支給し、「5S推進リーダー」等の役割を担ってもらう方法で仕事のやりがいと責任感を高めることが定着促進に効果的です。ただし、過度な期待は厳禁であり、「できたら褒める、できなくても責めない」のスタンスで臨むことが大切です。

人手不足の今こそ
ハラスメント防止研修の実施を

Q2-3

人手不足対策として、当社でもこれから女性ドライバー採用に
チャレンジしたいと考えています。ところが、同業のある経営者
から「女性ドライバーは労務管理が難しいので採用しない方針」
と聞いたので、少し躊躇しています。女性ドライバーの採用を始
めるにあたり、事前に注意点等があれば教えてください。

A

　女性ドライバーの採用に取り組むことは大変良いことです。ぜひ積
極的にチャレンジしてほしいと思います。同業者から女性ドライバー
の労務管理の難しさを聞かれたようですが、いくつかの留意点さえ押
さえれば、採用のメリットのほうが格段に大きいので、躊躇なく進め
てください。

　ご質問にも書かれていますが、私がお会いした経営者の一部にも
「女性ドライバーは採用しない」と断言する方がおられます。採用し
ない理由を聞くと、大抵の場合、業務上の問題（作業内容や労働時間
等の制約）か、もしくは過去にセクハラ等の問題が発生し、その解決
に大変苦労したから、という声を聞きます。そのような会社は長い
間、男社会でやってきたため、女性ドライバーの受け入れ態勢ができ
ないうちにトラブルが発生したものです。

　セクハラに関しては、男女雇用機会均等法に基づき事業者に対して
防止体制の整備が義務付けられています。経営者はセクハラ防止に関
する会社の方針を明確にし、就業規則の順守事項および懲戒事項に、

セクハラ防止義務と違反した場合の制裁内容を明記します。また、セクハラ相談窓口を作り、それを社内に周知し、相談者に対して不利益取扱いをしないなど雇用管理上必要な措置を講じる必要があります。

　それらの防止措置の中で最も重要な事項は、従業員に対するセクハラ防止教育です。運送会社では、事故防止に関する研修を実施しているところが多数ありますが、定期的にセクハラ・パワハラ等のハラスメント防止研修を実施しているところは限られています。セクハラ等をあまり身近なリスクと感じていないようです。

　しかし、今後ハラスメントに関するトラブルが増加することは間違いありません。ひとたび問題が発生すると不法行為で訴えられ、会社は使用者責任を追及されて高額の損害賠償を請求される恐れがあります。また、職場の雰囲気が悪くなり、社員の離反を招く恐れもあります。全社員に対してハラスメント研修を実施することが急務です。特に普段、職場で「○○ちゃん」と、女性を「ちゃん」付けで呼ぶことが常態化している会社は要注意です。また、ドライバー控室が男女一緒の場合に、「着替えをのぞかれた」、「携帯を勝手に見られた」などのトラブルがよく発生しています。添乗指導の際にもトラブルが生じやすいので注意が必要です。職場環境の見直しと社員に対する教育の両面で対策を打ち、働きやすい会社にしていきましょう。

ドライバーの給与に年俸制は適するか

Q2-4

当社では現在、ドライバーの賃金体系見直しを検討しています。検討の過程で、年俸制にしてはどうかという意見も出ています。運送会社の賃金体系に年俸制を導入しているケースはあるのでしょうか？　また、年俸制はドライバーの賃金体系に適しているのでしょうか？

A

　運送業の賃金体系は、会社の運行実態その他の諸条件によって適合する体系が大きく異なります。メーカーや流通業など運送業以外の業種では、職能給や役割給など一般的に広く導入されている賃金体系がどの会社にもある程度マッチするのですが、運送会社だけは別です。特にトラックドライバーの賃金体系はタクシーやバスの賃金体系とも異なり、より複雑で多様な体系が存在します。ご質問の会社の業務内容や車種等が不明なため、一般論で回答いたします。

　結論を先に述べると、ドライバーの賃金体系に年俸制は適さない場合が多いと考えられます。以前、年俸制を導入しているA社から「賃金体系を見直したい」という相談を受けたことがあります。A社は1年間の個人別売上と燃料費、高速使用料を計算基準にして、前年度の個人別実績をもとに翌年度の年俸を決定していました。残業代は年俸に組込みとしていました。年俸額の12分の1を月俸として毎月支払っており、賞与は支給していませんでした。賃金体系を年俸制にするメリットは、1年間毎月の賃金支給額が一定となり、安定すること

です。Ａ社が年俸制を導入したきっかけも、人材確保のために毎月の賃金を安定化することが目的でした。一方、年俸制のデメリットは、処遇への反映が遅いことです。社員が頑張った結果を賃金に表したくても、１年先にならないと反映されません。

　管理職など経営側に近い職種やSE、営業、配車係などであれば別ですが、ドライバーの場合は貢献度の迅速な反映が日々の仕事のやりがいや業務改善に結び付きます。例えば、事故を繰り返し起こしたドライバーは安定した給与を１年間受領した後、次の給与改定時に退職するでしょう。１年間リカバリーが効かないことを知っているからです。

　Ａ社の場合は、残業代が明確に区分されていないなど割増賃金の支払い方に不備があり、是正すべき問題点がありました。また、年俸制の場合は支給総額が割増賃金の算定基礎額に入るため、法定の残業単価が通常よりも高めになる欠点も考慮し、年俸制を止めて基本給と評価手当をベースとした日給月給制度に変更しました。そして、個人別業績は賞与に反映して、毎月の給与を安定させることにしました。

　ご質問に対しては、一概にはいえませんが、年俸制はドライバーの賃金体系には向かないと考えて、見直しの検討を進めたほうがよいと思います。

個人償却制の賃金体系を
どう見直せばよいか

Q2-5

当社では、先代の頃から個人償却制の賃金体系を導入していま
す。数年前から売上の減少とコストの増加によって満足な給与が
確保できない状況が続いており、毎月一定額まで給与の補填をし
ています。給与の補填が続いたため、今では補填額が累積して多
額になっています。現在の賃金体系を早く見直したいのですが、
どう見直せばよいでしょうか？

A

個人償却制は「持ち車制」や「車両リース制」とも呼ばれ、運送業
界で以前から見られる賃金体系です。その計算方法は概ね、個人の月
間売上から燃料費、高速料、修繕費など、1か月にかかる全コストを
差し引き、さらに会社の管理費（売上の10〜18％程度）を引いた残
額を本人の給与として支払う方式です。計算上、減価償却費まで差し
引くため、「個人償却制」と呼ばれています。

昔は、社会保険を付けない会社も時々見られ、名義貸しに類似した
多少グレーな形態も一部に見られました。しかし最近では、通常通り
に運行管理を行い、社会保険にも加入し、給与総額の計算だけ個人償
却制の計算方式を採用する会社が多くなりました。個人償却制のメ
リットは、売上増大へのインセンティブに加え、燃費やタイヤ代など
すべてのコストに対する意識が高まるため、コスト意識が高まり、車
両の粗利益が向上することです。一方、デメリットは、慎重に制度を
構築しないと、名義貸しや残業代未払い等、コンプライアンス上の問
題が発生する可能性があることです。

個人償却制は利益が低迷している会社の経営立て直しに飛躍的な効果をもたらすため、粗利益向上のために導入されることがあります。この制度はいつも売上が上がっているときは効果を発揮するのですが、一旦売上が低下し、コストが高止まりもしくは上昇すると途端に手取り給与が激減することがあります。

　以前相談を受けたＢ社では、ドライバーの計算上の給与が月4〜5万円程度にまで低下していました。最低賃金を大きく割り込み、生活ができないので、Ｂ社は毎月20万円まで最低保障をし、差額を補填していました。毎月10万円以上の補填が続き、一人平均400万円程度の累積補填額になっていました。ドライバーは最低保障の20万円があれば生活できるため、毎月の売上やコストには無関心になっていました。

　このような状況を打開するため、Ｂ社では賃金体系を見直して、一定額の基本給と［売上－燃料費－高速代］に一定割合を掛けた歩合給の2本柱の賃金体系に変更することにしました。残業代は労働基準法が定める計算に従い、法定通りに支給することにしました。新制度は本来の目的である粗利益向上への意識を継続しつつ、コスト意識を燃費向上と高速代節約に絞って給与に反映することにしたものです。

　個人償却制度の見直しを検討する際は、粗利歩合への変更などコスト意識を継続できる体系を検討されてはいかがでしょうか。

運送業における歩合給の設定方法

Q2-6

当社は2トン車からトレーラーまで保有車種が多く、取扱貨物も多岐にわたります。現在、ドライバーの給与を一律の売上歩合で支払っていますが、業務に合わせて賃金体系の見直しを検討中です。運送業における歩合給の設定方法について教えてください。

A

運送業は全業種の中で歩合給の導入割合が突出して高い業種です。私が30年間全国で見てきた運送会社の現場では、実態は統計データよりも多く、中小運送会社の過半数が何らかの歩合給を導入しています。歩合給の設定方法は保有車種や業態によって様々です。そもそもトラック運送業は「業種が異なる荷主の物流部門が寄り集まった集合体」であり、仕事内容が多種多様なため、各社に適合する合理的な賃金体系も各社の実態により大きく異なるからです。

例えば歩合給の設定基準を見ても、下記のように多様です。どの歩合計算基準を使えば社員のモチベーションを向上させ、合理的に処遇できるかを各社が判断する必要があります。その際、経営上の適正な賃金総支給額と最低賃金や残業代などのコンプライアンス面とを両立させるよう、歩合給の適正なウエイトを検討することが重要です。

運送業の主な歩合の種類を例示すると、次の通りです。

① 売上基準

　ドライバー個人の運賃収入額を基準に一定のパーセンテージを掛けて計算する方法。ただし、チーム意識を高める目的で事業所や会社全体の月間売上額を組み込み、個人実績に加算している会社も存在する。売上から燃料代や高速代等の経費を引いて計算する方法もしばしば見られる。

② 距離基準

　個人の月間走行距離数で計算。実車キロと空車キロで歩合率に差を設ける会社が多い。長距離の歩合として使うと遠回りを助長するので不適。

③ 方面別運行回数基準

　個人の月間方面別運行回数に応じて計算。行先により決まるためわかりやすく納得性が高いため、長距離輸送業務での導入割合が高い。

④ 積卸し作業基準

　個人の月間積卸し回数や手積み手卸しの回数などで計算。運転業務よりも積卸し作業のほうがきつい仕事に導入することが多い。横持ちや縦持ち作業を別に計算することもある。

⑤ 立寄り件数基準

　立寄り件数で積卸し作業等の労働負荷をみる基準

⑥ 店舗数基準

　コンビニ、スーパー等のルート配送によく使われる歩合基準。遠隔地の店舗を担当する場合の不公平感を解消するために

歩合率を調整することがある。

⑦ 伝票・個数基準

　個人の取扱伝票枚数や配送個数により計算。集配や宅配など
でよく使う。

⑧ ポイント基準

　引越専業によく見られる。貨物内容ごとにポイントで計算。

⑨ 立米基準

　土砂、砕石など運賃契約が立米の場合に使う基準。

　運送業にはその他にも各種の歩合基準があります。各社で労働の実
績把握がしやすい歩合基準を検討してください。なお、歩合基準が決
まったら、それらの基準を社内で一律に導入するのではなく、業務ご
とに実態をよく見て、業務に適合する設定方法を検討してください。

信頼していたベテラン配車マンから急に退職の申出

当社の配車係が急に辞めることになりました。運行管理一切を任せていたため、想定外の退職申出に困っています。今後このような事態を防止する対策はあるでしょうか？

A

「信頼していた配車マンが急に辞めて困った」という相談を受けることが時々あります。運送会社において、運行管理を担当する運行管理者・配車係は経営の要となる貴重な人材です。安全管理、収益管理など経営の中心を担い、ドライバーとのコミュニケーションや荷主との連携においても非常に重要な役割を果たしています。その人材に突然辞められると、経営に対する影響は甚大です。

信頼していた配車マンがなぜ、突然辞める事態に至るのでしょうか。運送会社を自己都合退職する管理者に退職理由を聞くと、「拘束時間や労働時間を守って配車するのは困難だ」、「責任ばかり押し付けられるのは納得がいかない」、「もっと働きたいと訴えるドライバーを抑えることが難しい」、「給与が少ない」など業務や処遇に関する不満の声が聞かれます。近年、労働時間に関する法令順守が強化される中、運行管理者は経営層からの時間短縮の業務指示とドライバーからの「もっと稼ぎたい」という要望との板挟みになっています。労働時間管理と効率配車に日々苦労している現場管理者の姿が浮き彫りになります。

経営者は運行管理者・配車係に現場を任せきりにするのではなく、

現場の悩みに寄り添い、よく話し合うことが大事です。最近、「運行管理者に選任されたくない」という声をよく聞きます。特に「統括運行管理者だけは勘弁してくれ」という声が聞かれます。管理者が敬遠されているのです。これから若年者の採用に力を入れるべき時に、「将来は管理職になって運行管理を担いたい」という若者の夢を壊すことはできません。運行管理者を目標にしてもらう必要があります。

　このギャップを埋めるには、運行管理・配車管理を担当する管理者の処遇を思い切って改善することが必要です。運行管理者の賃金がドライバーよりも低いこと自体、人事賃金制度としておかしいと考えるべきです。ドライバーの給与の8掛けで管理者が働いていては目標になり得ないし、将来の夢とは程遠いでしょう。

　ある中小運送会社は、運行管理者に約600万円の高年収を与え、大幅に権限を委譲しています。その管理者は社員と荷主の信頼を得て活躍しており、社長もいずれは役員に引き上げ、自分の右腕にしたいと期待しています。組織活性化の近道は、職場に目標とすべき存在があり、その目標となる人物がイキイキと輝いていることです。今、人材確保が経営課題になっていますが、ドライバーの確保のみに目を向けるのではなく、運行管理者・配車係など会社の要になる人材の処遇改善にも着手すべきだと思います。

運送会社に人事考課表が必要な理由

Q2-8

当社の給与体系は基本給と手当、歩合給で構成しています。仕事の貢献度は歩合給で反映しているので、人事考課表は作成していません。運送会社で人事考課表が必要な理由は何でしょうか？また、どのような作り方がよいか教えてください。

A

　運送会社では歩合給体系が一般的であるため、仕事の貢献度は歩合給に直接反映されると考えている会社が多いようです。しかし、社員の貢献度は歩合給だけでは捉えられません。若年者がすぐに会社を辞める理由の一つに、「仕事の評価基準が不明で何をすればよいのかわからない」、「上司に適正な評価をしてもらえない」など、仕事の評価に関する不満が見られます。近年、運送会社では人手不足対策の一環で勤務形態が多様化しつつあり、短時間の勤務であっても、効率良く働いた社員を正しく評価する仕組みが求められています。

　若年者の採用と定着のためには、仕事の質と量を正しく評価し、処遇に反映することが大切です。私がコンサルティングの現場で人事考課制度を作る場合、特に留意しているのは、現場で運用しやすい制度を構築することです。運送会社で多く見られる失敗例として、管理者が理解しないままに評価制度を導入し、勝手なイメージで部下を評価してしまう例があります。また、運送会社に適さないメーカー用の評価表を導入して、形だけの制度に陥っている事例もよく見られます。

　運用しやすい制度にするためには、運送会社の実態に合う評価表を

平易な言葉を使って作成することが大事です。安全への取組み、事故の有無、車両管理、指示事項遵守、挨拶、服装、マナーなどの基本項目の他、「会社の経営理念に沿った行動をしているか」、「改善基準告示に沿った運行を行っているか」など会社が重視する独自項目を入れてもよいと思います。特に優れた行動に対する加点ポイントを作ると、さらに効果的です。また、管理者評価の前に自己採点する仕組みを導入すると、自らの行動改善に結び付く効果が期待できます。

　従業員に説明する際は、評価項目の意味や捉え方を平易な言葉で説明し、「会社が期待する行動に対する達成度合を評価するので頑張ってほしい」と伝えるようにします。評価の納得性を高めるためには、人事考課表の運用前に管理者に対して評価方法の研修をしておくことが望まれます。管理者の意識向上のためには、管理者の評価に「部下を適切に評価しているか」という項目を入れることで公正な評価の推進に役立ちます。

　人事考課表は、単に部下を評価するツールではなく、上司と部下とのコミュニケーションツールとして活用することが大切です。うまく活用することで風通しの良い職場を築くことができます。また、管理者の育成にも結び付きます。人は評価されて育つものであり、本来、人事考課表は社員が１人でもいる会社は必ず作っておくべきものだと思います。

社員に新賃金体系を説明するときの注意点

Q2-9

当社では、人材確保対策や労働時間抑制に伴う減収防止対策として、現状の賃金体系を見直し、新しい賃金体系に移行することにしました。新賃金体系を社員に説明するときの注意点を教えてください。

A

最近、ドライバーの賃金体系を見直す運送会社が増えています。背景には、急速に進む人材不足など労働市場の激変と法改正による労働時間管理の強化、および最低賃金上昇や採用コストの増加に伴う人件費の膨張があります。具体的な改定理由は個々の企業により異なりますが、主に、①良い人材を確保するため、②労働時間抑制に伴う賃金の減収を防止するため、③最低賃金の上昇に向けた対策、④生産性の向上を目指した対策などです。

このように改定の動機は各社各様ですが、どのような賃金体系の変更であっても、その改定は社員の生活に大きく影響する事柄であり、社員にわかりやすく丁寧に説明して理解を得ることが大切です。たとえ賃上げを伴う人材確保を狙いとする賃金改定であっても、会社が曖昧な説明を行うと、社員は疑心暗鬼になり、「会社がまた何か企んでいるのでは」と警戒します。また、社員の努力を正しく反映するための見直しであれば、その目的を丁寧に説明し、納得を得る必要があります。

賃金改定において社員が最も気にする点は、「自分の給与は賃金体

系の変更により上がるのか、下がるのか」という点です。合理的な賃金体系の改定であっても、一方的な不利益変更は許されませんので、改定後の賃金体系で計算した場合に、万一、賃金が下がる見込みの社員が一部でも存在する場合は、補填して調整するなどの経過措置を講じる必要があります。

　賃金改定の説明時には、「なぜこの賃金改定が必要なのか」をまず説明します。運送業界を取り巻く経営環境や自社の状況、今後会社はどの方向に進もうとしているのか、などを説明します。さらに新賃金体系の概要とともに改定前後の変更箇所をわかりやすく説明します。次に、賃金体系変更に伴う激変緩和措置や経過措置の内容を説明します。運送会社では各社員の勤務時間がまちまちであるため、説明会は現場ごとに分けて実施するか、小規模な会社では社長が直接、社員と一対一で面談して説明するケースが多いと思います。説明は現場管理者に任せるのではなく、改定内容を理解している経営者または総務担当役員等が行うべきです。社員説明時に質問を受けた場合は、すぐに社内で共有し、早めに回答することが大切です。

　説明により社員の納得が得られたら、賃金体系改定同意書に署名をしてもらいます。同意の事実を文書で確認しておくことは極めて大事なことです。

運送業における多様な雇用契約の事例

Q2-10

現在、正社員との雇用契約は月曜日から金曜日まで週5日、1日8時間労働の雇用契約のみとなっています。今後多様な雇用形態を検討したいと考えています。運送会社における雇用契約の事例を教えてください。

A

　現在、運送会社の業態は様々であり、その事業内容も多様化していますが、正社員との雇用契約に関しては、未だに月曜日から金曜日（または土曜日）までのフルタイム契約一本のみという会社が多く見られます。一方で、数種類の雇用契約を設定し、求職者が希望する雇用形態で契約を取り交わしている運送会社も一部に存在します。それらの会社には比較的若い求職者が応募してくる傾向が見られます。

　例えば、私が関与したA運送会社は、週4日勤務の正社員を採用しています。フリーペーパーを使い、「週4日で正社員！」のキャッチコピーで働きやすさをアピールし、応募してきた人を複数名採用しています。その条件で応募してくる求職者は大抵、音楽やスポーツなどに強いこだわりを持ち、地道に活動を続けている若い人たちです。自分でやりたいことがあるため、毎日フルタイムで働くことはできないが、生活のために週の半分は安定した会社に勤務したいと考えています。彼らはできれば福利厚生が充実し、社会保険の安心もある会社で働きたいと考え、勤務先を探しています。所定勤務日は深夜も厭わずまじめによく働きます。

会社としても、週4日勤務であれば、変形労働時間制で1日の所定労働時間を10時間に設定することができ、労働時間の弾力的な運用が可能です。この条件で応募してくる人の中には、家族の介護や通院等の事情でやむを得ず、毎日のフルタイム勤務ができない人もいます。変形の勤務形態ですが、その日のうちに自宅に帰ることができるため、会社に感謝し、まじめに働いています。勤務日数は少ないですが、その貢献度はフルタイムの正社員に劣りません。

　また、別の運送会社B社では、1日6時間労働の雇用契約を取り交わしています。こちらは子育て中の女性が対象です。子供を託児所に預ける朝夕の時間を外して、日中に短時間で勤務してもらいます。週休は1日と少ないのですが、社会保険の対象となる正社員として安心して働けると感じているようです。仕事への取組み意欲も高く、社内の評判がよいです。

　なお、B社は来年から60歳の定年を65歳に引き上げ、60歳以降の社員を職務限定正社員（乗務員限定）に位置付ける方向で準備中です。従来の再雇用嘱託社員を限定正社員に変更することで高齢者の仕事へのモチベーションを上げたいと考えています。

「運行手当」の金額を
合理的に決める方法とは

Q2-11

当社には地場配送と中長距離輸送の仕事があります。この数年で運行ルートや高速利用状況、所要時間などが変化したため、運行手当の見直しを進めていますが、どのように運行手当の金額を設定すればよいかで悩んでいます。運行手当の合理的な決め方を教えてください。

A

「運行手当」は1運行ごとに決められた手当を支給する賃金計算上の基準であり、通常、運行方面別に「運行手当表」の中で手当金額を設定します。この支払方法は、売上歩合の計算に比べ、荷主ごとの収受運賃の格差に伴う不公平感がないため、特に荷主による運賃格差が大きい長距離運行の賃金計算基準としてよく利用されています。運送業界で一般的によく見られる賃金計算基準ですが、最近、運行ルートや高速道路の利用の仕方が変化したため、「運行手当表」の見直しを行っている会社が増えています。

運行手当の金額設定は会社の財務や社員のやる気に大きく影響するため、合理的な金額を設定することが極めて重要です。運行手当の金額を決める際の大事な要素として、①適切な労務費率になること、②運行ごとに不公平感が生じない納得性のある設定をすること、が挙げられます。

そのため、運行手当の金額は以下の計算で行う必要があります。例えば、10トン長距離運行の場合、「運賃収入対賃金比率（会社負担の

社会保険料除き）」の目安は約30%になります。よって、1運行に対してドライバーに支給できる運行手当は、「1運行当たり運賃収入×0.3－当該運行にかかる所要日数×（1日当たりの基本給と運行手当以外の諸手当の合計）」が目安になります。

この金額が財務面から算出される運行手当の目安ですが、ドライバーの負担感は必ずしも運賃水準と一致しません。運賃は低いが待機時間が長く苦痛に感じる仕事、または運賃が高く荷役作業も少ない楽な仕事などが混在します。これらを運行手当に反映しないと、社員の不公平感が増大し、退職に結び付くこともあります。作業の負担感を運行手当に反映するときは、原則として運行手当に組み込むのではなく、当該業務ごとに加算額を決めて追加支給する方法をとります。「仕事の負荷に対する加算部分」を区分して明示し、納得感を得るためです。その際、あまり高い加算額を設定しないことがポイントです。運行方面ごとに目安額が決まったらそれを一覧にして比較検討します。

また、いわゆる三角運行（A地点→B地点→C地点→A地点の運行）の場合に、運行手当をどう決めるかの問題があります。この場合は何パターンも運行ルートが発生するため、立寄り先を追加した場合の手当額を別に定める方法が一般的です。例えば、立ち寄り先1か所につき1,000円の追加支給、という方法です。この場合もあまり高い金額を設定しないことがポイントです。

賃金の加点評価で社員の
モチベーションを上げる

Q2-12

現在、賃金体系の見直しを検討しており、社員のモチベーション
を上げる賃金の仕組みを模索しています。運送業における成功事
例があれば教えてください。

A

　運送業には、配送業務に特化した実運送会社や物流センターで商品
管理まで行う物流会社、システム部門を有する 3PL 事業者など多種
多様の業態があり、それぞれの業態ごとに適する人事賃金制度が異な
ります。

　中小企業で最も多い実運送会社の場合でも、運ぶ貨物の種類や運行
エリア（近距離 or 長距離）、荷役作業等の業務内容によって適する賃
金制度が異なり、各社の事情に応じて最適な制度を考える必要があり
ます。固定給で構成する賃金体系が適する会社もあれば、歩合給を組
み合わせたほうが効果的な会社もあります。どの体系であっても共通
していえるのは、減点方式の賃金体系よりも加点方式の賃金体系のほ
うが社員のモチベーションを上げる効果があるということです。

　例えば無事故手当です。無事故手当は運送会社で最も多く見られる
手当ですが、その効果は「事故を起こすと減額になる」という懲罰的
効果です。これに対して、無事故を継続すれば賃金が上がる仕組み
（例えば歩合率を無事故 1 年経過ごとに一定率上げていく仕組みなど）
は恩典的効果があり、無事故の継続に対するモチベーションが生まれ
ます。

ある運送会社が整理整頓の徹底を図るため、きちんと整理整頓ができた人を加点評価で手当を増額支給する仕組みを導入したところ、社内全員が真剣に取り組み、以前とは見違えるほどきれいな会社になった例があります。社員は自分の行動が目に見えて処遇に現れることで、会社の期待に応えて行動する意欲を高めます。特に中小運送会社の場合は、大企業の人事考課表を真似て精緻な評価制度を組み立ててもほとんど機能しません。「賞与に反映させれば期待した通りに行動してくれるだろう」と考えると間違えてしまいます。会社の評価が昇進昇格など立身出世に結び付く大企業とは異なるのです。

　中小企業の現場で働くドライバーには、加点評価を月々の給与にダイレクトに反映し、正当に報いていくことが重要です。どうすれば月々の賃金が上がるのかを示すことが大事です。社員のモチベーションは加点評価でのみ上がります。賃金の減額では行動は変わりません。いままで懲罰的減額方式の引き算型賃金体系を採用していた会社は、今後は「できたら上がる」という加点方式の足し算型賃金体系へ変更することをお勧めします。

歩合給の変動を抑えて毎月の手取り額を安定化したい

Q2-13

現在、当社はドライバーの賃金を歩合給で支給しています。歩合給体系はこのまま維持したいのですが、若手人材を募集するにあたり、歩合給の繁閑による変動を抑えて月々の賃金を安定化したいと考えています。運送会社が取り入れている合理的な方法があれば教えてください。

A

歩合給の利点としては、①割増賃金の計算にあたり、適用する割増率が低い（固定給の割増率が1.25に対し、歩合給は0.25が適用される）、②労働時間ではなく成果に基づき計算されるため、生産性が高い社員を正当に処遇できる、③年齢や勤続とは無関係に処遇することができ、若くても業績や成果次第で高い賃金を受け取ることが可能、④上司の恣意的な評価が入らず、賃金に納得感が得られる、などが挙げられます。

一方で、デメリットとしては、①売上などの業績数値が季節的要因で変動するため、賃金が不安定になりやすい、②担当する荷主や業務により割の良い仕事と不利な仕事に分かれ、不公平感が生じることがある（※これは歩合基準の見直しで解決できます）、③一般的に歩合給に対するイメージが悪い、などが挙げられます。

私は約30年間、全国の様々な運送会社を対象にコンサルティングを実施してきましたが、数多く運送会社の社内制度を構築してくると、運送会社の現場で働くドライバーの志向がよく見えてきます。特

に、大企業ではなく中小運送会社で働くドライバーの多くは、月例賃金（特に手取り額）に対して非常に関心が高く、金額が不確定な賞与や長年働いた後にもらえる退職金には月例賃金ほどの関心を示しません。月例賃金の決定基準の内容により日々の行動が大きく変わるといっても過言ではありません。

　彼らがどのような賃金を求めているかというと、①自分でも計算しやすく、わかりやすい賃金、②努力した結果が直接賃金に反映され、会社の恣意的な評価等で下げられない賃金、③頑張れば賃金が上がる仕組み（何をすれば上がるのかが明白な仕組み）、等です。

　今回のご質問の内容は歩合給体系を維持したまま、歩合給の不安定要素を抑えて、月々の賃金をより安定化したいということです。歩合給の利点を維持したまま、安定化を図る。その対策として複数の運送会社が取り入れているのは、歩合率に季節係数を掛けてレートを決定する変動レート方式の導入です。月々の手取り賃金を安定化するためには繁忙期のレートを下げ、閑散期のレートを上げることで安定化が図れます。季節係数は会社業績（売上や取扱件数等）の推移を計数化して決めます。例えば、年間平均の月間売上高を 1.0 とすると、繁忙期は 0.9、閑散期は 1.1 とし、歩合給のレートに掛けて調整する方法です。

　なお、賃金の変更になりますので、変動レート方式を検討する場合は会社が一方的に決めるのではなく、労使で話し合い、合意することが必要です。

ドライバーの労働時間管理の方法

Q2-14

現在、当社ではドライバーの労働時間を本人が運転日報に記載した出社・退社時刻を使って管理しています。最近、労働時間管理の方法が厳しくなったと聞きましたが、他の運送会社ではドライバーの労働時間をどのように管理しているのでしょうか？

A

2017年1月に策定された「労働時間の適正な把握のために使用者が講ずべき措置に関するガイドライン」により、労働時間管理の方法は原則として、①使用者が自ら現認することにより適正に記録、②タイムカード、IC カード、パソコンの使用時間の記録等の客観的な記録を基礎として確認し適正に記録、のいずれかの方法によることとされました。

自己申告制により行わざるを得ない場合については、㋐労働者および管理者にガイドラインを踏まえた適正な申告について十分な説明を実施すること、㋑実際の時間と合致しているか調査して補正すること、㋒申告できる時間外労働に上限を設け、上限を超える申告を認めない等の阻害措置を行わないこと、等の条件が付され、安易な運用は不可とされました。

運送会社においては未だに手書きの運転日報を使って時間管理をしている会社が存在します。これからは客観的で機械的な把握方法に変更するか、ガイドラインが求める自己申告制の場合の適正な運用を実施するか、いずれかの見直しが必要になります。

一般的に運送会社の労働時間管理の方法は、職種により管理方法を使い分けているケースが多く見られます。事務職や倉庫職、内務管理者等の労働時間管理にはタイムカードを使い、ドライバーの労働時間管理にはデジタルタコグラフを使っている会社が多く存在します。出社・退社の時間が不規則で深夜に及ぶ業務であるドライバーの労働時間管理にはデジタルタコグラフのほうが管理しやすいとの判断からでしょう。

　デジタルタコグラフによる時間管理は客観的な把握方法であり、適正ですが、記録された時間内に出庫前帰庫後の点検・点呼・洗車などの労働時間が含まれないため、時々労働基準監督署から指摘を受ける会社があります。そのため、より正確に労働時間を把握する目的で、点呼時に行うアルコール検知器によるアルコールチェックの記録（時刻）を使って時間管理をしている会社も存在します。また、洗車の労働時間に関しては、自己申告制にする会社と一定の洗車時間を車格ごとに労使協定で定めて運用する会社とに分かれます。洗車時間をあらかじめ労使で取り決める方法は、例えば2トン車は20分、4トン車は30分、大型車は40分など、洗車にかかる標準時間を車格別に決めています。

　その他、デジタルタコグラフで労働時間管理をしている会社の中には、点検・点呼の時間を出庫前10分、帰庫後10分と労使間で合意し、デジタルタコグラフで把握した走行時間に労使協定で定めた点検・点呼時間を追加している会社も見られます。

ドライバーの出庫時刻が必要以上に早い

Q2-15

働き方改革に沿って拘束時間の短縮化を図っていますが、当社のドライバーは早朝、必要以上に早く出庫するため、拘束時間長期化の一因になっています。「道路が混まないうちに着きたい」と主張するドライバーの気持ちも理解でき、強く注意することができません。他社ではどのような対策を講じていますか？

A

　「ドライバーの出庫が必要以上に早いので何とかしたい」。この質問は、コンサルティングの現場で運送業の経営者からよく受ける質問です。運行管理者が出庫時刻を指示し、指示通りに出庫させることが運行管理の基本ですが、ドライバーの習性として、「道路が空いているうちに目的地に着きたい」、「荷の順番待ちを短くするため早く出発したい」との気持ちが強く働くため、よく現場で生じる現象です。

　ある関与先の運送会社で、運行管理者がドライバーの出庫時刻について強く注意したところ、出庫時刻の自由度を奪われたドライバーが反発して、「それなら辞める」と退職したケースがありました。ドライバーの自主性もある程度考慮せねばならず、対応が難しい問題です。

　この早すぎる出庫の傾向は、特に賃金体系が固定給で残業単価が高い会社において顕著に表れています。早く出庫すればそれだけ賃金が増えるからです。早く出庫すると通常の作業開始時刻よりも早く到着地に着くので、運行管理者が休憩指示を出せば、作業開始時刻までの

時間を休憩時間にすることが可能ですが、肝心の拘束時間自体は変わりません。拘束時間を短縮するためには出庫・帰庫の時刻を是正する以外の方法はありません。

　この問題を解決するためには、拘束時間を短縮したほうがドライバーにメリットがある仕組みを導入すると効果があります。実例として、私の顧問先のある運送会社は、賃金体系を見直して、月間拘束時間293時間を超えていない場合のみ、手当を支給する仕組みを導入しました。293時間を遵守できた月は5,000円を支給するという仕組みです。賃金に法令遵守の取組度合を反映することにより、その会社の個人別拘束時間データは別会社のように一変しました。新制度移行後、数か月で293時間超えのドライバーが激減しました。ドライバーはわかりやすい目標が示されると、それに向けて自ら考え、行動を変える傾向があります。

　ただし、賃金に反映しないとうまく機能しません。ドライバーに具体的なメリットを提示することが成功のポイントになります。人は賃金だけで動くものではありませんが、コンサルティングの現場では労働時間を是正していく手段として賃金制度の見直しは極めて効果的です。拘束時間の削減は、経営者の意識改革や努力だけでは進まず、ドライバーの意識改革が必要です。労使が同一の目標に向かうための具体的な仕組みづくりが必要になります。

配車係に対する業績給の導入方法

現在、ドライバーの給与に業績給を導入していますが、全体の運行効率を上げるために、配車係のモチベーションアップにつながるインセンティブを検討中です。配車係に業績給を導入した事例があれば教えてください。

A

　運行管理者、配車係を対象に実績に応じて変動する業績給を導入することがあります。配車担当者の経験や力量により、運行効率や売上・利益が大きく左右され、企業の収益率に多大な影響を与えるため、配車担当者の目標意識向上と目標達成に向けたモチベーションアップを狙いに導入するものです。

　通常、配車係に業績給を導入する場合は、ドライバーとは異なり、売上等の実績数値に歩合率を直接掛けて算出する方法は採用しません。担当部署の運行効率の各指標もしくは売上目標に対する達成率を使って計算する方法が一般的です。

　例えば、業績給の基本額を月額３万円と設定した場合、３万円に各月の売上目標に対する達成率を掛け、さらに配車係の勤怠実績（所定労働日数に対する出勤率等）を掛けて算出する方法があります。この場合、単純に目標達成率の数値をそのまま使うと貢献度の差が適切に反映されないため、目標達成率の範囲を決めてそれぞれに支給係数（例えば0.8、1.0、1.2など）を設定しておくと、実績貢献度をうまく反映でき、モチベーションにつなげることができます。

配車係に業績給を導入する際には注意点があります。配車係がコンプライアンスを無視して売上実績を上げることのみに走らないよう、労働時間適正化の意識付けを制度として組み込むことが必要です。具体的には、法令遵守指数を設ける必要があります。担当するドライバーの拘束時間や運転時間、休息期間等の月間実績を見て法令遵守度を判断し、配車係の業績給の計算中に修正係数を組み入れる方法をとります。例えば、月間拘束時間 293 時間超のドライバーが発生した月は修正係数 0.9 を掛けるなどの運用です。これらの仕組みにより、配車係は自らの役割（効率配車と法令遵守）を自覚し、より強い目的意識を持って業務に従事するようになります。

　ただし、業績給は実績貢献度を直接月額賃金に反映するものであり、あまり過大な手当を設定しないほうがよいです。運行管理者、配車係の仕事は運行効率・生産性の向上以外に、ドライバーの健康管理や安全指導等の大事な役割がありますので、それらの定性的な要素についても別途、人事考課表などを使って公正に評価し、賞与等に反映するとよいでしょう。

運送会社における班長の役割と指導のポイント

当社には班長が 10 名以上いますが、班長らしい仕事をしておらず、班長会議で建設的な意見を述べることもありません。このままでは意味がないので班長制度の廃止も検討しています。班長は必要でしょうか？

A

　実運送会社の組織はなるべくフラットに作り、現場の管理にウエイトをおくほうが機能しやすい特徴があります。そのため、ドライバーが 30 人を超える規模になると 5 人につき 1 人の割合で班長または主任を配置して現場の指導体制を整えます。特に、最近のように法規制が強化され、現場の管理が重視される状況では、班長制度の適切な運用が重要性を増しています。

　ところが、班長の役割を伝えず、班長教育を行っていないと、班長としての自覚が生まれず、本来の機能が発揮されません。班長の主な役割は大きく分けて、①安全面と②職場のコミュニケーションの 2 点に集約されます。

　まず、安全面での役割は、班員の日々の体調を気遣い、異変が見られたら本人に声がけし、運行管理者や管理職に伝えて注意喚起することです。また、決められた作業手順や安全ルールが現場で実際に行われていることを確認し、班員を指導して事故防止に努めることです。あわせて、自らが作業に従事する中で気付いた現場の改善点を会社に提言する姿勢が求められます。これらは運行管理者や所長などの管理

職が行う業務と重なりますが、作業内容を熟知した班長が現場の指導役になることに意味があるのです。チームワークで事故防止の達成に向けた意欲を高めると期待以上の効果を生み出します。

　職場のコミュニケーションについても、班長が率先して声がけするなどの行動をとることで仲間意識が喚起され、職場の活性化につながります。何でも話しやすい職場の雰囲気が社員の定着率を上げ、仕事への意欲を高めます。班長は上司ではなく、チームのまとめ役です。管理職とは異なる役割を担うのです。

　以上の内容を班長にしっかりと伝え、行動に移してもらう必要があります。

　班長会議が伝達事項の確認のみに終始している会社では班長の意識が向上しません。班長会議で行うと効果的なのは、班長自らに考えさせ、提言させる訓練をすることです。安全や職場環境に関するテーマを与え、班長の役割についてグループディスカッションを行って発表させる場を作り、班長としての自覚を育てていく必要があります。班長制度が機能しないのは、機能させる訓練が不足しているからです。班長制度の廃止より、制度を活かす方策を検討すべきでしょう。

ドライバーの兼業・副業を認めるべきか

Q2-18

当社では、人手不足対策としてダブルワークのドライバーを 3 名採用しています。また、社内からも副業で稼ぎたいとの声が出ており、今後副業を積極的に認めていくべきか判断に迷っています。

A

現在、運送会社で兼業・副業のドライバーを雇用している会社は約 2 割程度見られ、全国各地にあります。長時間労働による過労運転を回避する観点から兼業・副業のドライバーを雇用していない運送会社が多いのですが、一部の会社では兼業のドライバーが大事な戦力になっており、「兼業を禁止したら仕事が回らない」と公言する経営者もいます。また、「安い給料しか払えないので副業禁止にできない」と話す経営者もいます。法的には、労働時間以外の時間をどのように利用するかは社員の自由であり、兼業に利用することも自由とされています（憲法 22 条「職業選択の自由」）。

ただし、会社との労働契約により、企業秩序維持や適切な労務提供確保の必要性がある場合に限り、一定の制約を設けることができます。制約要件には、例えば「不正な競合の防止」、「企業秘密の漏洩防止」等がありますが、運送会社の場合には、特に「社員の働きすぎによる健康被害や事故の防止」、「長時間労働による業務への支障」等の観点が重要です。そもそも運送業のドライバーには労働基準法とは別に、改善基準告示による厳格な労働時間管理が求められており、過労

につながる兼業・副業を無制限に許可するべきではありません。やはり、就業規則上の「原則禁止・許可規定」を維持したまま、社員の兼業・副業申請については、その内容と時間、職務への影響等を判断した上で支障がない場合に限り許可する扱いが適当でしょう。

現在、働き方改革の中で兼業・副業を推奨する流れがありますが、今後は兼業・副業の労災認定の見直し（通算で認定）を契機に、損害賠償請求や未払い残業代請求、36協定違反等の問題が増加する可能性があります。ドライバーの兼業・副業に関しては慎重に対応する必要があるでしょう。

関与先企業の中には、農業や漁業に従事する人を閑散期などにドライバーとして雇用している運送会社や所定休日に運転業務以外の仕事に従事することを認めている会社があります。これらの兼業・副業は特に問題がありません。問題なのは、業務終了後に夜間の代行ドライバーとしてアルバイトをし、寝不足のまま翌日の勤務に就くケースです。労働時間を通算して改善基準告示に違反しないかが許可の判断基準になるでしょう。

ドライバーの評価を賞与に反映する方法

Q2-19

人材確保対策の一環で、ドライバーの評価制度を導入して賞与に反映することを検討しています。評価結果をどのように賞与に反映すればよいか、運送会社の事例があれば教えてください。

A

　最近、人材確保対策や同一労働同一賃金対策、または助成金申請等を目的として、「人事評価制度を新たに構築したい」あるいは「法改正等の状況を踏まえて見直したい」と考える運送会社が増えてきました。しかし、ドライバーの場合は賃金を歩合給で支給している会社が多く、評価制度を運用している会社が未だ少ないため、評価結果をどのように賃金（例えば賞与）に反映すればよいか迷っている会社が多く見られます。

　本来、賞与の支給基準は会社が自由に決めることができ、労使間で納得できる制度を独自に構築すればよいのですが、一般的に運送会社で導入されている支給方法を挙げると、以下のような事例があります。

　中小運送会社では、大手企業のように賞与支給額を「所定内賃金（または基本給）の何か月分」という決め方をしている会社は少なく、会社の収益状況に応じて、「1人平均○○万円」と決めている会社が多く見られます。

　例えば、1人当たりの賞与支給額を平均10万円とした場合、その

約半額（この場合、5万円）を「基本賞与額」（固定部分）として設定し、基本賞与額については全員一律支給を行います。

次に、賞与の約3割（この場合、3万円）を「無事故基準額」として設定します。無事故基準額は賞与算定期間中の事故発生状況に応じて決定する部分であり、事故を起こしていれば減額、無事故であれば満額支給となります。事故発生時の減額評価は、「人身か物損か、2度目の事故か、実損額や取引への影響度は」など減額の基準を別途決めておきます。

残りの2割相当額（この場合、2万円）が「評価基準額」となり、この部分に評価結果を反映します。普通評価（会社が期待した通りの実績）であれば満額支給となり、期待以下の実績であれば減額、期待を超える実績であれば最大2倍（つまり賞与の4割相当、この場合4万円）まで増額されます。つまり、評価結果により0～4万円の差が生じることになります。評価方法は評価点により評定を決める絶対評価と、上位から順位付けして決める相対評価の2通りの方法があります。モチベーションアップを目的にするのであれば、絶対評価のほうが効果的です。ただし、評価表の項目ごとの評価点を甘く設定すると、人件費の持ち出しが発生しやすいので要注意です。

旅客部門の賃金体系を見直したい

Q2-20

当社にはトラックの貨物運送部門の他に、バスの旅客部門があります。現在、旅客部門はコロナの影響を受けて稼働が止まっており、この機に、今後に向けた体制整備を行いたいと考えています。旅客部門の賃金体系の一般的なポイントを教えてください。

A

運送会社の中には、トラックとともにバスやタクシーを所有して、貨物と旅客の両部門を兼業している会社が一定数存在します。私の関与先にも、専業の会社と貨物旅客兼業の会社があります。トラックのドライバーの賃金体系は、主に車種や取扱貨物、運行エリア、走行距離、労働時間帯、労働時間の長さ、荷役作業の内容や頻度等の違いにより、時給・日給・月給制に分かれ、賃金の計算方法も固定給から歩合給まで、多様な体系が見られます。一方、旅客運送の場合は、会社による相違は多少見られるものの、タクシー部門はほぼ歩合給が主体の賃金体系であり、バス部門は日給月給制の固定給と歩合給との混合体系が一般的です。

ご質問のバス部門の賃金体系に関しては、基本給（日給月給制）を最低賃金以上に設定し、歩合給には距離歩合と運行歩合を組み合わせている会社が多く見られます。距離歩合の距離単価は1キロ当たり3円から5円程度に設定する会社が多く、平均走行距離の違いにより、1キロ当たり10円程度までの範囲で決定しています。固定給対歩合給の比率は6：4程度に設定する会社が多く見られ、貨物に比べると

固定給の割合が高く、比較的安定的な賃金体系です。運行歩合は車格と運行回数により計算する仕組みで、大型バスとマイクロバスでは1運行の設定単価に差を設けています。

　バスのドライバーとトラックのドライバーの賃金決定における最も大きな相違点は、バスの乗務員の場合は接客態度が極めて重要な要素になることです。顧客との接し方だけではなく、顧客の前でバスの添乗員と言い争い、露骨に不快な態度をとることなども許されません。これらの行為を防止するためには、適正な勤務評価を行って、賃金や人事処遇に反映する仕組みが必要です。トラックのドライバーには無事故手当や報奨金等で安全意識の向上を図りますが、バスの乗務員には無事故手当や報奨金等の他に、接客態度等の勤務評価を欠いてはいけません。

　評価結果は半年先の賞与に反映するだけでは効果が半減し、日常の行動変化に結び付きません。月々の賃金に反映する仕組みが、意識向上には効果的です。その手段として、評価制度の導入と評価手当の新設が必要になります。賃金体系の整備と評価表の見直しは同時に行いましょう。

歩合給における年次有給休暇手当の支払い方

Q2-21

当社は現在、ドライバーの給与に歩合給を採用していますが、年次有給休暇を取得した際の賃金の支払い方がよくわかりません。計算方法と注意点を教えてください。

A

　2019年4月に年次有給休暇の5日間取得義務化が始まってから、年次有給休暇手当の計算方法についての質問が増えました。特に歩合給を含む賃金体系では複雑な計算になる場合があるため、わかりにくいと感じる経営者が多いようです。

　年次有給休暇手当の計算方法は、労働基準法で3種類が定められており、会社は就業規則に定めることで、自社に適する計算方法を選択することができます。計算方法は、①通常の賃金、②平均賃金、③健康保険の標準報酬日額のうちから1つ選択します。

　固定給の場合は、ほとんどの会社が①を選択しています。固定給なので年次有給休暇を取得しても欠勤控除をしなければ、通常の賃金を支払う扱いと同じ結果になるので、簡単だからです。ところが、歩合給の場合に①を選択すると、「当月の歩合給総額÷当月の総労働時間×年休取得日の1日の所定労働時間」という計算をして、固定給とは別に支払う必要があり、計算が煩雑になります。また、ドライバーの仕事は変動があり、たまたま稼ぎの良い仕事を担当したドライバーが歩合給の他に年次有給休暇手当も高くなるというダブルの不公平感が生まれることがあります。そのため、年次有給休暇手当に「通常の賃

金」を使うことをためらう経営者がいます。

　②の平均賃金を選択した場合は、「過去3か月間の賃金合計額÷過去3か月の総暦日数」と「過去3か月間の賃金合計額÷過去3か月間の労働日数×0.6」を計算して、多いほうの金額を支払います。後者の計算方法は、主に短時間労働者の場合に最低保障額を割らないように設けられています。①に比べると不公平感が薄まりますが、いずれにしても①と同様に、面倒な計算をその都度行わなくてはなりません。

　一方、③を選択した場合、健康保険料ですでに算出されている標準報酬月額を30で割った標準報酬日額を使用するため、年次有給休暇手当の金額が確定されており管理が簡便です。歩合給に対して不公平感がなく、従業員の納得感も得られやすいメリットがあります。ただし、③を使う場合は労使協定を締結する必要があります。「年次有給休暇手当の支払いに関する協定書」は標準報酬日額を使用して計算する旨を記載し、労使が署名押印する簡単な書面であり、労働基準監督署への届出は不要です。

［運送業の合理的な賃金体系とは］

　運送業を取り巻く経営環境は年々厳しさを増しています。その背景には、ドライバー人材の不足、働き方改革に伴う各種法改正（特に時間外の割増率上昇、時間外労働時間の上限規制、最低賃金の上昇）等があります。近年は、さらにコロナ禍による経済環境の変動、燃料価格の高騰等が重なり、ますます先行きが不透明な時代へと突入しています。このような経営環境の下で運送業の経営を安定的に維持していくためには、これからの時代に合致した合理的な賃金体系の導入が不可欠となります。運送業の賃金体系は、その業態や各社の経営理念等により各社ごとの最適な賃金体系が異なりますが、以下では、運送業における賃金体系の代表的な事例を比較して、その相違を考察してみます。

　事例のA社は固定給体系の会社です。事例のB社は業績給を組み入れた事例です。

　両者ともに月間所定労働時間は173時間、月間残業時間は平均80時間、4トン車のドライバー、月間運賃収入が80万円、月間賃金総額は30万円という同じ前提条件の場合で比較してみます。

　A社は基本給月額を最低賃金に合わせて設定し、毎年最低賃金が上昇するたびに基本給を改定しています。賃金は日給月給制です。その他に無事故手当2万円、皆勤手当2万円、家族手当（配偶者6,000円、子2,000円）、通勤手当（通勤距離に応じて支給、限度1万円）を支給しています。A社の時間外算定基礎額は、基本給と無事故手当、皆勤手当の合計である22万円となります。時間単価は1,272円、残業単価は時間単価の1.25倍である1,590円となります。A社の場合

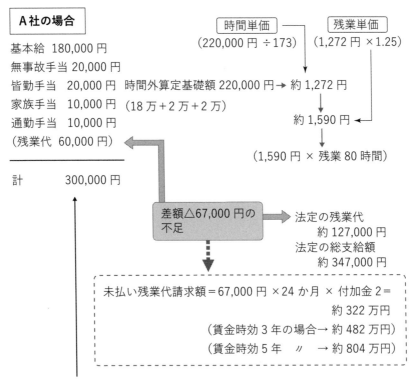

前提条件

　月平均残業 80 時間、4 トン車乗務、平均売上 80 万円／月

　2021 年 東京都最低賃金 1,041 円（前年比上昇額 28 円）

　→月額では約 180,000 円／月（1,041 円 × 所定労働時間 173 時間）

A社の場合

基本給　180,000 円

無事故手当 20,000 円

皆勤手当　20,000 円　時間外算定基礎額 220,000 円 → 約 1,272 円

家族手当　10,000 円　（18 万＋2 万＋2 万）

通勤手当　10,000 円

（残業代　60,000 円）

────────────

計　　　　300,000 円

[時間単価]────────┐　[残業単価]

（220,000 円 ÷173）　（1,272 円 ×1.25）

約 1,590 円 ←────┘

（1,590 円 × 残業 80 時間）

差額△67,000 円の
不足

→ 法定の残業代
　　　約 127,000 円
　法定の総支給額
　　　約 347,000 円

未払い残業代請求額＝67,000 円 ×24 か月 × 付加金 2 ＝
　　　　　　　　　　　　約 322 万円

（賃金時効 3 年の場合→ 約 482 万円）

（賃金時効 5 年　〃　→ 約 804 万円）

売上 80 万円 ×38％＝ 約 300,000 円

売上から算出した支給可能な
月例賃金（4 トン車の適正な
月間運収対月例賃金比率は約
38％）

は、法定の残業代要支給額が 1,590 円×残業 80 時間＝約 12 万 7,000 円となります。

　ところが、4 トン車ドライバーの月間運賃収入が 80 万円しかありません。運送業の標準原価から算出した月間運賃収入対月例賃金比率は約 38％であり、A 社は車両別損益の採算を維持するため、月例賃金の総支給額を 30 万円に設定しています。そうすると、残業代として支払える金額が 6 万円となり、法定の残業代 12 万 7,000 円に対して 6 万 7,000 円の不足が生じてしまいます。このように、運送会社で未払い残業代請求トラブルが多い要因の一つが、運賃収入の低さと法定の残業代要支給額とのアンバランスから生じる問題です。

　ちなみに、A 社がもし未払い残業代請求を受けた場合、どの程度請求されるかを計算すると、賃金請求権の消滅時効が 2 年の場合で約 322 万円請求されることになります。賃金請求権の消滅時効はすでに 2020 年 4 月以降、2 年から 3 年（法律上は 5 年、当分の間 3 年）に延長されており、仮に 3 年間請求された場合は 482 万円となります。また、2025 年の見直しでさらに 5 年に延長された場合は 804 万円請求されることになり、請求額は今後どんどん膨らむことになります。

　一方、最低賃金についてみると、現時点では最低賃金を充足していますが、2022 年以降に最低賃金が上昇した場合は、基本給を上げる必要があります。仮に 28 円前後の上昇となれば、その都度 5,000 円程度の賃上げが必要になります。なお、A 社の賃金体系では無事故手当も最低賃金の計算にカウントされますが、事故発生月には無事故手当が不支給となるため、あてにすることができません。また、A 社の賃金体系は固定給であるため、残業単価が高くなり、2024 年に始まるドライバーの残業規制に向けて労働時間の削減を図る際に、社員の賃金が大幅に削減されることになり、社員の反発や離反を招く恐れがあります。

　このように、A 社の賃金体系は一見すると安定的でモデル的な体系

B 社の場合 （前提条件は A 社と同様）

[基本給＝職務給＋業績給の場合]　　　　　時間単価　　　　残業単価

職務給 50,000 円　　　　　　　　　　　　（50,000 円 ÷173）　（289 円 ×1.25）

　　　　………　固定給 50,000 円　→　約 289 円　→　約 361 円

業績給（歩合）200,000 円　　　　　　　（200,000 円 ÷253）（790 円 ×0.25）

　　　　………　歩合給 200,000 円　→　約 790 円　→　約 197 円

　　　　　　　　　　　　　　　　　　　　　　　　　　　↓

　　　　　　　　　　　　　　　　　　　合計残業単価 558 円

　　　　　　　　　法定の残業代 558 円 × 残業 80 時間＝44,640 円

残業代　50,000 円　◀──　未払い残業代は発生せず
　　　　　　　　　　　　　（約 5,000 円の余裕あり）

────────

計　　　300,000 円

※最低賃金との比較検証 → 289 円＋790 円＝1,079 円＞1,041 円

　　　　　　　　　　　　→ 最低賃金とは 1,079 − 1,041 ＝38 円の余裕あり

　　　　　　　　　　　　→ 次年度の最低賃金上昇分を吸収済み

業績給の設定方法の例

（売上 − 燃料代 − 高速使用料）×30％　……30％は無事故・勤怠可の場合
　　　　　　　　　　　　　　　　　　　　　　　の基準レート

　（80 万 − 10 万 − 5 万）×30％ ＝約 20 万円

　※業績評価により適用レートを 32％（優良加点）〜28％（事故発生）まで変動
　　その他業績加算の例：無事故継続 1 年間につき 0.2％加算（10 年間限度）
　※出来高給の場合は通常の賃金の 6 割保障が必要

のように見えますが、運送業の賃金体系としては合理性に欠け、将来トラブルに直面するリスクが大きいといえます。

　一方、B社の賃金体系はA社とは大きく異なります。基本給を職務給と業績給で構成した複合体系となっています。

　基本給のうち職務給は担当する職務ごとに設定される固定給であり、B社ではドライバーの職務給を2トン車4万5,000円、4トン車5万円、大型車6万円に設定しています。基本給のうち業績給は業績に応じて支給する歩合給であり、B社の場合は月間売上から燃料費と高速料を引いて算出した金額に一定の歩合率（30％前後）を掛けて算出しています。また、業績評価により、歩合率を上下2％ポイントの幅で変動させて仕事の質と量を賃金に反映し、やる気を高めるように工夫しています。業績評価で無事故や勤怠をみているので、固定的な手当は支給していません。また、家族手当などの属性による生計補助的な手当も支給しておらず、全体を業務に関連する賃金だけで構成しています。

　B社の場合は、残業単価を計算する際、固定給部分の計算と歩合給部分の計算に分けて行います。固定給部分については、A社と同様の計算になり、5万円を所定労働時間（173時間）で除して、時間単価289円を算出した後、時間外割増率の1.25を掛けて残業単価361円を算出します。また、歩合給部分については、歩合給20万円（業績により変動）を総労働時間（所定労働時間＋時間外労働時間）で除して、時間単価790円を算出し、時間外割増率の0.25を掛けて残業単価197円を算出します。

　歩合給の場合は、総労働時間で除することと割増率が0.25（固定給の場合は1.25）となることが重要なポイントであり、この計算により、B社の残業単価は361円＋197円＝558円となります。残業代要支給額は558円×残業80時間＝4万4,640円となります。B社の場

合は、残業代を5万円支払うことで法定の残業代を充足し、未払いは発生しません。また、時間単価合計1,079円と最低賃金（2021年10月以降、東京1,041円）を比較すると、38円の余裕をもって充足しています。これは、次年度に28円前後の最低賃金上昇があっても充足できる状況です。

　B社の体系は、残業が仮にゼロであっても25万円が支給される体系であり、賃金の大半を時間ではなく、業務実績に応じて支払う体系といえます。賃金を時間ではなく、実績で計算する体系なので、企業が2024年以降の残業規制対策として労働時間の削減を進めても社員の賃金が大きく減らないため、社員の理解を得て、待機時間の削減や作業効率の上昇などの対策に取り組みやすくなります。また、人材確保対策として賃金の引上げに踏み切る場合も、賃上げによる残業単価の上昇が抑えられ、残業代に跳ね返らないため、運賃が上昇する前の先行投資的な賃上げについても実施が可能になります。これからのコンプライアンス経営、人材確保対策、労働時間削減対策等に取り組みやすい賃金体系の一つということができます。

　なお、業績給の設計にあたっては、計算基準を運賃収入のみに限定せず、社員の納得が得られやすい運行回数や立寄り件数など仕事内容に即して多面的に検討することが重要です。また、業績給等の歩合給を導入する場合は、通常の賃金の6割を保証する規定の明記と運用が必要になりますので、ご注意ください。

3

労務トラブル
防止対策

通勤用の社員駐車場で
発生した破損事故への対応

Q3-1

先日、当社の社員用駐車場において、車の窓ガラスが破損する事故が発生しました。破損の原因は不明ですが、社員から「会社の駐車場内で発生した事故なので、修理代を会社が負担してほしい」との申出がありました。会社はどのように対応すればよいでしょうか？

A

　一般的に駐車場での原因不明の窓ガラス破損に対して会社が修理代を負担する義務はありません。このことはマイカー通勤管理規定の中に明確に記載しておくべき事項になります。

　例えば「駐車場におけるマイカー同士の事故および駐車中に生じた破損、盗難などいかなる損害に対しても会社は一切その責任を負わない」との条文です。この条文は通常「マイカー通勤者が通勤中に起こした事故について会社は責任を負わない」という通勤途上の事故に対する条文とセットで記載されるものです。

　仮に、駐車場内での破損事故まで会社が責任を負う取り決めにした場合は、会社が自己のために社員のマイカー通勤を奨励していると見られる可能性があり、通勤途上の事故に対して自賠法3条に基づく「運行供用者責任」を問われるリスクが高まります。マイカー通勤途上での事故で、会社が運行供用者責任を問われるケースでは、「会社がマイカー通勤を奨励していたか」、「マイカーの通勤利用にあたり、ガソリン代や保管場所（駐車場）を供与していたか」などの点が判断

材料の一部になります。

　そのため、マイカー通勤者に通勤手当を支給する際は、燃料価格に通勤距離を掛けて都度計算する方式より、通勤距離に応じてあらかじめ一定額を決めておくほうが望ましいといえます。また、会社が敷地内を社員用駐車場として提供する場合に、駐車場使用料（例えば月額2,000円など）を社員から徴求している会社も時々見られます。

　マイカー通勤は会社が奨励するものではなく、自賠責保険や一定基準（対人・対物無制限など）以上の任意保険付保や車検の実施、酒気帯び運転なしなど、会社が定めた条件を満たした場合に限り、許可するものです。東北地方のある運送会社では、「毎年11月までに冬タイヤに履き替えること」をマイカー通勤の許可基準に入れている例もあります。

　マイカー通勤は「原則禁止、条件付きで許可」の鉄則を徹底することが労務管理上、非常に重要なのです。毎年定期的に任意保険や車検の更新を確認し、運転記録証明書の確認と併せて管理しましょう。また、「マイカー通勤管理規定」と「マイカー通勤許可申請書」、および本人の「マイカー通勤に関する誓約書」等は労務管理の必須書類として整備しておくべきです。「通勤用駐車場使用規定」なども整備し、上記の原則を明確にしておくとさらによいでしょう。

免許取得費用補助の条件として
取得後の勤務を約束させたい

Q3-2

人手不足対策として中型免許や大型免許取得にかかる費用を会社で負担することを検討しています。しかし、免許を取得後にすぐ辞められては困るので、3年程度の勤務を条件として誓約を取りたいと考えていますが、いかがでしょうか。

A

最近、求人対策の一環として「運転免許取得費用補助制度」を取り入れている会社が増えています。内容は一部補助から全額補助まで様々であり、ホームページで求職者のメリットとしてアピールしています。しかし、その運用については十分に考慮されていないケースが時々見受けられます。

多くの会社が免許取得費用を補助する背景には、「免許取得後も当社で続けて働いてくれるだろう」という期待があると思います。免許を取得した途端に他社へ転職されることを予定して補助している会社はないでしょう。そこでご注意いただきたいのは、トラブル防止の観点からの制度づくりです。

例えば「免許取得費用は会社が出しますので、3年間は当社で勤務してください。途中でやめたら全額返してもらいます。それが条件ですよ」という制度では、違法と判断される可能性が高くなります。労働基準法16条では「使用者は、労働条件の不履行について違約金を定め、又は損害賠償額を予定する契約をしてはならない。」と規定しています。違約金と解釈されれば違法となるわけです。仮に誓約書を

とっていても、多くの場合は無効となるでしょう。

　また、業務上必要な資格の場合は、業務との関連性が高いため、会社が負担するのが当たり前との考え方も成り立ちます。「業務指示」があればなおさらです。運転免許取得費用補助制度を導入する場合は、後日労使トラブルにならないよう注意する必要があります。

　本人が継続して勤務するか否かにかかわらず、全額会社で負担すると決めている会社はそれでよいのですが、「多額の費用を補助する以上、免許取得後、一定期間は当社で働いてもらいたい」という会社の本音を制度の中に反映するにはどうすればよいでしょうか。

　重要なポイントは、労働関係を不当に強要していないこと、費用の返還を不当に約束させていないことです。そのためには希望者を対象に貸与する「金銭消費貸借契約」とし、一般的な返済方法を書面で定めておくことが考えられます。勤務の継続とは無関係に一定期間の返済猶予を認めることは可能ですし、返済月額をごく少額に設定することも可能です。例えば当初は返済猶予、一定期間勤務し会社に貢献してくれた社員を「返済免除の対象」とする、などの取り決めが考えられます。このとき、免除の対象勤続期間を不当に長期に設定しないことが肝要です。人材採用の一助として導入した制度が、後日のトラブルの種にならないよう気を付けましょう。

運送会社の未払い残業代
トラブル対策

Q3-3

近隣の同業者が未払い残業代で従業員から訴えられ、多額の請求を受けて結果的に廃業しました。当社も同様の問題が発生しないよう対策を講じたいと思っています。どのような観点で進めればよいでしょうか？

A

　現在、未払い残業代請求でもめている運送会社が多数存在します。全国の運送会社で同様のトラブルが発生しています。私はこれまでに数多くの運送会社で人事・賃金制度を構築し、賃金体系の見直し作業を手伝いましたが、未払い残業代トラブルを経験した会社から賃金制度改定の依頼を受けるケースが半数以上を占めています。二度と同様のトラブルを起こしたくない、または同業者の失敗事例を見て事前に対策を打ちたい、という理由で依頼がきています。

　問題の契機は通常、従業員（特にドライバーが多い）が労働基準監督署またはユニオン、弁護士事務所等に相談に行くことから始まるのですが、最近は本人や弁護士事務所から突然内容証明が届くことが多いようです。また、そのほとんどはネット経由での相談であり、大半は退職後の従業員からの請求となっています。よく見られるのは、退職前の在職中に1か月間、日報やチャート紙などのコピーを取り、それをもとに過去2年分（または入社後の在職期間）に相当する残業代を推測して計算し、請求してくるケースです。

　給与水準が比較的高い会社で、未払い残業代トラブルが多く発生し

ています。これは、給与の高い会社のほうが未払い請求額も大きくなることが背景にあると思います。また、創業後初めて賃金トラブルを経験したという会社が多いのも最近の特徴です。長期間安泰の時期が続いたため、社内制度の点検や見直しを怠り、トラブル防止に対して脇が甘かったということだと思います。入社時に、本人に残業代の支払い方等を説明していても、後日、従業員からは「聞いていない」と主張され、水掛け論になり、結果として会社側が負けるというパターンもよく見られます。これらのトラブルを回避する対策は、賃金体系を早期に点検し、見直す以外にありません。

　そもそも多くのトラブル事例の原因は、会社が労働法を正確に理解しないまま、勝手な解釈で賃金を支払ってきたことにあります。今の賃金体系自体が不適切なのです。身近な専門家に依頼して現状の賃金体系に問題がないかをすぐに点検し、問題があればトラブルが起こる前に改善しておくことが重要です。トラブルになる前であれば、今の給与水準をベースにして、従業員の同意を得た上で、より合理的な新賃金体系に変えることが可能です。

　労働基準法の改正により、賃金の消滅時効が３年に延長されており、今後ますますこの種のトラブルが増加していきます。賃金改定の決断を先送りにしている会社は近い将来、未払い残業代トラブルに直面するリスクが高いでしょう。

事故分担金の払戻し請求
トラブルへの対策

Q3-4

先日、退職したドライバーから「在職中に事故の修理代として、一方的に賃金から○○万円控除されたのは不当だ」として事故分担金の払戻しを請求されました。今後このようなトラブルを回避したいと思いますが、どのようにすればよいでしょうか？

A

　このところ運送会社で事故分担金に関するトラブルが急増しています。この背景には、未払い残業代請求と併せて、事故分担金についても払戻しを請求するケースが増加していることが挙げられます。ほとんどのケースでは退職したばかりの従業員から請求が来ています。最近はインターネット経由で相談した専門家から助言を受けて、退職と同時に請求してくる事例が増加しているようです。

　従来から運送業では、本人の不注意による事故で発生した損害は事故を起こした当事者が応分の負担をすべき、それにより事故防止の意識を高めることができる、との考え方が浸透しており、中小運送会社には未だにその考え方に基づいて運用している会社が多く見られます。本人の故意または過失により発生した損害について、本人と話合いの上、実損額の一部について負担を求めること自体は許されますが、過度に負担を求めることや、会社が一方的に賠償額を決めて賃金から控除することは禁じられています。

　事故分担金に関するトラブルの防止策は、現行のルールを見直し、改定する以外に方法はありません。まず、事故で生じた損害の全額を

社員に負担させる考え方はすぐに捨てるべきです。例えば、保険免責額相当分を全額社員に負担させることをやめ、本人に負担を求める場合はドライバーの過失に応じて実損額（保険免責額もしくは修理代等の実費）の25％以内の適正額で話し合うほうがよいでしょう。あらかじめ、判断基準となる事故種別ごとの分担割合を労使で話し合い、規程などで定めておくとよいでしょう。この際、実損額とは無関係にあらかじめ一定金額を決めておくことは認められませんので注意してください。本人とよく話し合い、その都度「確認書」を取り交わしてください。一括ではなく、給与から分割で支払いたいとの希望があれば、本人から金額を申し出てもらい、書面で確認しておくことも必要です。

　そもそも、賃金体系の中に安全行動の取組度合や事故の実績などを評価して手当に直接反映させる仕組みがあれば、事故分担金のようなトラブルになりやすい損害賠償制度に依存する必要がなくなります。根本的に解決するためには、賃金体系の見直しと評価制度の構築を早期に検討すべきといえます。事故分担金制度を見直し、社員が安心して働ける職場を目指していただきたいと思います。

出庫時刻や休憩をドライバー 任せにする経営リスク

Q3-5

最近、同業者で賃金トラブルの話をよく聞きます。当社は現在まで大きなトラブルは発生していませんが、他人事とは思えません。日常管理の注意点について教えてください。

A

　ある運送会社で実際に起こった事案を例に挙げてみます。その会社にトラブルメーカーの従業員が1人いました。日常業務において数々のトラブルを起こし、そのたびに始末書や反省文を何枚も書いているドライバーでした。些細なことですぐカッとなる気質で、気に入らないことがあると荷主の担当者にも平気で口汚く罵り、怒って施設の扉を足蹴にするような人でした。職場の仲間も敬遠気味でしたが、その問題社員から急に「退職したい」と申出がありました。

　トラブルメーカーの退職でホッとしたのもつかの間、退職後しばらくしてから会社に1通の内容証明が届きました。「在職中に休憩も休息もまったくとれなかったため、すべて労働時間に当たるので、未払い賃金合計1,000万円を支払え」という内容でした。1週間に50時間以上の残業があると記載されていました。しかし、本人の運行記録を再確認すると、休憩も休息も法定通りしっかり取っていました。運行実態をよく見てみると、必要もないのに早く出庫し、出庫の1時間後から連続8時間以上の休息（本人は待機と主張）をとり、通常の時刻に荷積みを開始していることがわかりました。本人は在職中に、家庭不和のため「家に居たくない」と職場の仲間や上司によく漏らしてお

り、夜間も家に居たくなかったのかもしれません。

　もし運行管理者が出庫時刻を明確に指示しており、勤務時間を本人任せにしていなければ、また日常から指導や注意を繰り返していれば、このような事態にはならなかったでしょう。出庫時刻だけではなく、休憩場所や時間についても明確に指示することが極めて重要です。駐車用のスペースに駐車させていれば問題ないですが、仮に本人が公道に停めて休憩や休息を取っている場合は、車の監視義務を負い、車を離れることができなかったため、労働時間に当たると主張されるでしょう。

　現在、運行管理における時間管理の重要性はますます高まっています。従来、運送会社ではドライバーの自発的行動や意思を尊重し、早めに出庫する社員を「やる気がある」、「責任感が強い」などと評価する側面がありました。運行管理者も、「遅刻して延着になるよりは良い」と黙認することがよくあります。しかしながら、現在ではこのような黙認は大きな経営リスクになります。賃金トラブルの要因は賃金の支払い方だけの問題ではありません。日常の管理指導面も重要であり、十分留意すべきです。

トラブル防止のために管理者会議で何を伝えるべきか

Q3-6

当社では毎月1回、現場管理者を集めて会議を開催しています。労務トラブルを防止するために管理者に伝えておくべき事項があれば教えてください。

A

　運送会社の管理者が労務トラブル防止の観点で最低限知っておくべき事項は、以下の通りです。

① 運送業界で多発する労務トラブルの内容と対策および現場管理者の役割
② 人手不足時代に管理者に求められる指導力とコミュニケーション力
③ 改善基準告示と行政処分強化の内容および管理者の役割
④ 労働時間管理に関する最近の留意点および管理者の役割

　その他にも管理者に伝えるべき内容は多々あり、挙げればきりがありませんが、最近の相談事案の背景を考慮すると、以上の4点が管理者会議における喫緊のテーマといえるでしょう。

　今、各地の運送会社で発生している労務トラブルは、大抵の場合、作業現場の些細なトラブルがきっかけになっています。上司と部下のコミュニケーション不足から誤解が生まれ、小さな不満の種が次第に大きく膨らみます。その対処が遅れると、突然爆発して退職し、会社

を訴えるというパターンで、本当によく発生しています。特に、最近入社してくる社員と熟練の現場管理者との意識の違いがその背景に見られます。現場管理者は長年の経験から、「そんなこと、いちいち言わなくても当たり前のことだろう」と考えがちで、新人に繰り返し丁寧に教えている管理者は少数派です。

　ところが、最近は未経験者の採用が増えており、ベテランには当たり前の作業でも新人としては何度か聞かないと理解できないこともあります。理解が不十分なままに作業をすると、ミスを犯してひどく叱られる。それが度重なると精神的に参ってしまい、会社を恨むようになる——この悪循環を断ち切るには、管理者に最近の求職者の傾向や指導の仕方を伝えておく必要があります。

　また、労働時間管理の方法や記録に関しては、最近の数年間で監査の厳しさが増しており、以前の管理レベルでは通用しなくなっています。経営者はトラック協会等の会議や研修で説明を受ける機会があり、その内容をある程度理解していますが、現場の管理者まで徹底されていないケースが見られます。

　肝心なのは現場の日常管理であり、法改正の内容や対策を管理者に十分理解させることが必要です。労務トラブル防止のために、本社の管理部門が行うべき課題（規程整備や賃金体系の見直しなど）と現場管理者が担うべき役割を明確に分けて、管理者会議で管理者に期待する役割を徹底しておくべきでしょう。

配車の不満を訴える
ドライバーへの対応

Q3-7

最近、社内で複数のドライバーが配車に対する不満を訴えています。「楽に稼げる仕事が一部の社員に偏っており、自分は割に合わない仕事ばかりさせられている」という不満です。このような不満に対して会社はどう対応していけばよいでしょうか。

A

　ドライバーの配車に対する不満は、多かれ少なかれ大抵の運送会社で聞かれます。通常の運送会社は一社で複数荷主の多様な作業を請け負うため、「他の社員に比べて自分の仕事は割に合わないのでは」と考える社員が出やすいのです。特に実運賃をもとに売上歩合を計算している会社では、収受運賃の違いによって受け取る報酬が異なるため、不満を生じる傾向が強くなります。

　この不満に対する対策として、「それなら歩合を一切やめて完全固定給に変えてしまおう」と拙速に賃金を改定する会社もあります。しかし、そうすると個々の作業量や作業効率が賃金に反映されなくなり、「どうせ時間で決まるのだから頑張っても仕方がない。のんびりやろう」という空気が蔓延し、残業時間稼ぎに走る社員が出てきます。そのため、賃金改定の失敗で職場が非効率化した会社から「元の歩合体系に戻したい」との相談を受けることがよくあります。

　それでは、配車に対する不満にどう対処すればよいでしょうか。ある会社の経営者は毎月、前の月の配車実績と全員の個人別給与をチェックしており、配車に偏りが見られたときは、配車係を全員呼ん

で強く注意をしています。その会社は数百両を保有する大規模な運送会社ですが、その経営者は「配車の偏りをチェックすることが社長の最も重要な仕事だ」と考えています。また、一般的に売上歩合を導入する場合は、給与計算上で実運賃を使わず、社内標準運賃を使って計算する方法がよく採用されています。荷主の違いで収受運賃が異なる場合でも、作業実態が同様の仕事については同じ運賃を収受したものとして給与を計算するやり方です。現在、給与計算に実運賃をそのまま使っている会社は見直しを検討してもよいでしょう。

　ところで、配車に対する不満は、単に運賃の違いだけではなく、付帯作業の負荷や労働時間、休日の違いなど様々な要素を含んでいます。全員がほぼ同じ仕事をしている会社は問題ないのですが、多様な仕事を請け負う会社ほど不満が発生してきます。この対策は、仕事をローテーションで回して、一部の社員だけがきつい仕事を続けることがないように配慮することになります。「そこまで考えていたら仕事が回らない」と憤る人もいるかもしれませんが、それが無理であれば業績給の設定方法を見直しかありません。売上、距離、荷役作業、拘束時間など仕事別に考慮した設定方法に組み替えて、業務の違いを給与に反映することです。この方法を取り入れる運送会社も増えています。

運送会社が服務規程に追加記載すべき内容とは

Q3-8

現在、服務規程の条文の見直しを行っています。運送会社の最近のトラブル事例から、服務規程の中に追加で盛り込むべき内容がありましたら教えてください。

A

　服務規律は、就業規則本文の中に記載する方法と、服務規律の内容を抜き出して別冊の「服務規程」として労働基準監督署に届け出る方法があり、いずれでも結構ですが、運送会社では遵守すべき事項が多いため、別冊にしている会社が比較的多く見られます。

　服務規程の一般的な内容は、市販の雛形に記載されていますので、ここでは運送会社の最近のトラブル事例をもとに、条文に追加したほうがよいと思われる事項を一部列挙してみます。

①「社内外を問わず、酒気帯び運転、あおり運転等を禁止する」

　酒気帯び運転の記載はよく見ますが、あおり運転は未記載の会社が多いです。また、運送会社の業務の性質から、勤務外でも禁止する旨を明記したほうがよいでしょう。違法運転は勤務中勤務外を問わず認めず、懲戒基準の中にも記載してください。

②「日報、チャート紙、その他の会社管理書類を勝手にコピー、撮影、持出し等してはならない」

　日報等の乗務記録には荷主の社名や発地（荷主）、着地（着荷主）、

積み荷等の記載があり、荷主の商取引が類推できる営業上の機密管理書類です。会社の許可なく勝手にコピーして外部に持ち出されては困ります。最近、勝手な持出しによる労使トラブルがあとを絶ちません。懲戒基準にも明記してください。

③「デジタコのボタン押しを指示通りに行い、日報を正確に記載しなければならない」

最近、労働時間管理をデジタコで行う会社が増える一方、ドライバーによる正確なボタン押しが行われておらず、休憩時間等の把握が困難な会社がよく見られます。正確なボタン押しを社内ルールとして徹底し、注意しても指示に従わない場合は懲戒対象になる旨を周知するとよいでしょう。なお、人事考課表にも明記して遵守度を賃金等の処遇に反映すると強い意識付けになりますので検討してください。

④「配車係の指示を無視、または拒否してはならない」

ドライバーが出庫指示時間を守らず、必要以上に早く出発するため拘束時間が一向に縮まらない会社、ドライバーが楽で歩の良い仕事を選り好みするため配車効率が上がらない会社、などが時々見られます。「配車係に協力すること」等を追記してもよいと思います。

⑤「パワハラ、セクハラ、マタハラなどのハラスメント行為を禁止する」

最近はテレハラ（テレワークに伴うハラスメント）、コロハラ（コロナに伴うハラスメント）など新種のハラスメントが続々と発生しており、それぞれ防止対策を行う必要があります。特にパワハラ、セクハラ、マタハラは法の定めに従って明記する必要があります。

以上は服務規程に追加すべき項目例の一部ですが、整備後はその規程を研修用資料として使い、全員に周知徹底してください。

賞罰委員会規定の作り方

Q3-9

当社の就業規則には懲戒についての記載がありますが、具体的な運用基準がないため、問題事案が発生する都度、経営者の判断で適宜対処しています。懲戒や損害賠償の判断基準を明確にするため、賞罰委員会規定を作成したいのですが、その際の注意点を教えてください。

A

最近、賞罰の判断基準を整備して明確にしたいと考える会社が増えています。その背景には事故発生時の処分方法を見直す会社が多くなってきたことがあります。

労働基準法では損害賠償を予定することが禁止されており、「事故を起こした場合は○○円を本人負担とする」など、賠償額を事前に取り決める運用方法は無効になります。しかし、実際には「保険免責額までは本人負担とする」など、事故発生時の本人負担額を事前に決めている運送会社が存在し、社員とのトラブルが増加しています。トラブルを防止するためには早急に社内制度を見直す必要があります。

「損害賠償の予定の禁止」については「働きやすい職場認証制度」の中でも必須項目に設定され、その違法性に気付いた会社が新ルールを模索する中で、新たな「賞罰委員会規定」の作成を検討し始めました。そもそも賞罰委員会の設置は任意であり、必ず作らなければならないものではありません。しかし、就業規則に「賞罰委員会において決定する」などの記載があれば、必ず開催の手続きを経なければなり

ませんので、まず「賞罰委員会」を作るか否かに注意が必要です。

賞罰委員会の構成員については法の定めはありませんが、運送会社では役員や管理職および社員代表者（労働組合がある場合はその代表者）など5〜6名で構成しているケースが多く見られます。賞罰委員会は、問題行動や事故が発生した場合に本人を呼んで発生時の状況を再確認し、本人の弁明を聞き、客観的に公正な処分を検討するために開催します。通常、賞罰委員会には社長や会長など会社の最高決定者は参加しません。経営者の鶴の一声で処分が決定されることを避けるためです。賞罰委員会で客観的に審議し、決定した内容は経営者に上申され、経営者がその決定を追認して最終確定されます。懲戒処分の内容は就業規則に記載された制裁基準通りに行う必要があり、就業規則の第何条の何項に当たる事実であるかを確認した上で、その問題行動が経営に与える影響度合や損害等を検討します。

運送会社の場合は、主に事故時の処分決定に関わる事案が多く、例えば「事故分担金＝事故に伴う実損額×本人の責任度合×本人負担割合」で負担金を定めているケースもあります。前述した通り、あらかじめ金額を決めておくことはできませんが、故意や重大な過失により発生した事故損害金は、実損額の一部について本人に負担を求めること自体は可能です。ただし、過度な負担を課すことはできず、過去の判例をもとに概ね実損額の25％以内にとどめ、適正な負担上限額（例えば最大30万円を限度とする、など）を設定するケースが多いです。

なお、事故時の本人負担は求人対策上も問題があり、今後はなるべくなくしていくほうがよいと思います。

4

事故防止・行政処分対策

ドライバーの家族に事故防止の情報提供をしよう

Q4-1

最近、バスやトラックの事故が報道されて社会問題化しており、事故防止対策に一層の取組みをしたいと考えています。業務中の指導教育以外に取り組むべきことがあれば教えてください。

A

　現在、事故防止に向けて社内で指導教育を徹底している会社は多いと思います。しかしながら、安全教育に注力し、過労運転防止に努めている会社であっても、事故をゼロにすることは容易ではありません。

　事故防止は会社の管理だけでは不十分なケースがあります。事故の主な発生原因の一つに「私生活の管理不足」があります。例えば、①仕事が終わった後、会社に秘密で他社のアルバイトをしている、②退社後飲み歩き、翌日まで酒気が残っている、③睡眠時無呼吸症候群の治療をしていないため業務中も眠気が生じる、などの行動です。

　会社が管理できるのは、勤務時間中だけに限られますので、退社後の行動は本人の自覚に任せるしかありません。強い意志をもって事故防止に取り組む社員は問題ありませんが、問題なのは意志が弱く、誘われればすぐに付き合うタイプの人です。

　このような社員の私生活管理は本人の家族を巻き込んで協力してもらうことが必要です。無事故を一定期間達成できたドライバーの家族あてに社長名の感謝状と食事券を贈りましょう。そして表彰時だけでなく、普段から定期的に「事故防止のための生活のポイント」につい

て記載したレターを家族に発送するようにしましょう。

　特に飲酒の影響については家族に知らせることが大事です。体重70kg の人でアルコールが抜けるまでに、ビール3本で9時間、日本酒3合で7.5時間、焼酎300ml で7時間、缶チューハイ350ml 3本で7時間かかるという事実があります。会社の点呼時にアルコールチェックを行い、呼気にアルコールが検知されると乗務停止になることも伝えましょう。また、睡眠時無呼吸症候群の症状を伝え、本人のいびきがひどい、もしくは、呼吸が止まっていることがある、などの症状があれば本人に伝えて医師の診察を受けるよう家族から勧めてもらいましょう。

　本人のことを一番心配しているのは家族です。家族を味方に付け、安全確保への協力や異変がある場合には会社への連絡を依頼しましょう。日常から本人の家族とコミュニケーションをとることで休息期間の過ごし方が変わります。また、家族の目に見える安全取組は会社に対する安心感と信頼感の醸成につながります。

事故防止は自己管理力の養成が第一

事故の削減を最優先課題として取り組んでいます。安全教育に力を入れていますが、事故を起こした社員が再び繰り返すケースが目立ちます。事故をゼロにするための留意点等があれば教えてください。

A

　事故の削減は運送業の経営における生命線であり、最も重要な経営課題といえます。各社がこの対策に向けて、事故の要因分析や社員教育、安全機器や設備の導入、労働環境の見直しなど、様々な努力をしています。

　しかし、思うように進まない会社もあります。事故が順調に減ってきたかと思うと、再び大きい事故が発生するという繰り返しに悩んでいる会社が多いようです。事故を起こしやすい社員が繰り返すという事実は、実態としてよく見られます。同じ仕事をしても、事故をまったく起こさない人と繰り返し起こす人にはっきり分かれる会社をよく見ます。

　この差はどこから来るのでしょうか。その人の性格でしょうか。実態を見ると、自分の行動を客観的に把握していない人が事故をよく起こしているようです。例えば、自分のゴルフスイングやバットスイングの録画を見せられると、「自分はこんな姿で振っていたのか」と愕然とすることがあります。自分の頭の中のイメージとまるで違うからです。また、録音で聞いた自分の声が他人の声にしか思えないことが

あります。人は、わかっているつもりでも、本当の自分の姿は案外わかっていないのです。

　事故防止の推進には、ドライバーの自己把握力を高めることが大前提になります。自分の運転動作や作業動作が本当はどうなのかを知ってもらう必要があります。ドライブレコーダーが事故防止に効果的なのは、自分の運転動作のくせや問題点に気付き、自ら是正するためのツールとして大変有効だからです。

　しかし、運転中だけで十分でしょうか。構内作業中の姿はどうでしょう。積卸し作業の動作は適切でしょうか。何の問題もないと思いこみ、改善の必要性を感じていないケースはないでしょうか。出庫していくトラックや帰庫してきたトラックの姿をビデオに収め、その後の構内作業中の風景も映して、後日勉強会等で確認してみてはいかがでしょうか。運転の癖や作業の癖を自分自身で確認できると、改善行動に結び付きやすいでしょう。

　安全教育の前提として、客観的に自己分析させることから始めると効果があります。デジタコで収集したデータも労務管理の目的だけでなく、ドライバー自身の自己管理力強化のために活用しないと意味がありません。事故防止の推進は自己分析から始めて、自己管理力を養成することが最優先事項だと思います。

事故が多い運送会社と
少ない運送会社の差

Q4-3

事故が多い運送会社と少ない運送会社には、どのような違いがあるのでしょうか？

A

　全国の運送会社を見てきた経験から、事故が多い運送会社と事故を起こさない会社には、以下のような差が存在すると思います。

① 経営者の差

　事故を起こしやすい会社の経営者は、事故防止対策を社員任せにする傾向が見られます。中には「プロドライバーだから、いちいち言わなくてもわかっているだろう」と話す社長もいました。一方、事故を起こさない会社の経営者は、自ら毎日のように社員に注意喚起を繰り返しています。社長が末端の社員にまで現場で声がけをしている会社は無事故を継続しているケースが多いです。

② 管理者の差

　事故を起こしやすい会社の管理者は、目の前の仕事を予定通り完遂することだけを重視しています。決められた納期に遅れず、できるだけ多くの荷を運ぶことに最大の関心を寄せています。それも管理者の重要な仕事ですが、業績重視で労働時間や安全に対する意識が薄いケースも見られます。一方、事故が少ない会社の管理者は安全と健康管理に最大の関心を持っています。改善基準を超えそうなときは帰庫

の直前であっても躊躇なく休憩の指示を出しています。

③ 指示の差

　事故を起こしやすい会社の管理者は、指示の仕方が曖昧なケースがよく見られます。また、感情的に指導する傾向も見られます。一方、事故が少ない会社の管理者は、指示の仕方が的確でシンプルです。一度にあれもこれもと注意点を並べ立てるのではなく、これだけは特に注意するようにと一点集中で指示を出し、毎日の点呼で徹底しています。

④ 班制度の差

　事故を起こしやすい会社は、安全行動をドライバー個人の意識に任せ、本人の自覚に依存しています。自分以外の他人の行動に関心を寄せるドライバーはあまりいません。一方、事故が少ない会社は、班制度（一班5人程度の最小組織）を活用して事故防止の意識を高めています。チームで安全対策を考えさせ、チーム単位で報奨するため、互いに健康チェックをするなど、仲間の安全にも自ずと気を配るようになります。

⑤ 時間管理の差

　事故を起こしやすい会社は、労働時間管理が適正になされていないケースが多いです。「デジタコは違反の実態が浮き彫りになるので、あえて導入していない」と話す社長もいました。一方、事故が少ない会社は、労働時間管理を徹底しています。長時間労働が偏在する場合、ローテーション等の対策ですぐに是正しています。

⑥ 教育の差

　事故を起こしやすい会社は、稼ぎに直接つながらない社員教育には

時間を割きません。一方、事故が少ない会社は、社員教育に十分な時間を使います。社員教育で他社との差異化が達成でき、勝ち残る会社になると考えています。「教育が最も大事です。教育にはいくらでも投資します」と明言している社長もいます。

事故防止教育
成功企業の共通点

Q4-4

事故防止の取組みに成功している企業は、どのような教育をしているのでしょうか？

A

　30年以上にわたって全国の運送会社を訪問し、各社の事故削減のための取組みを見てきました。その間、従業員を対象に事故防止研修や事故削減プロジェクトチームの指導なども行いました。各社がそれぞれの取組みを行っていますが、取組みの効果にはばらつきがあり、目に見えて効果が現れている会社となかなか効果が出ない会社に分かれます。

　大手運送会社、物流子会社の多くは、安全対策専任スタッフが事故の要因分析を詳細に行い、改善に向けた対策を打ち出しています。その手法を協力運送会社の安全大会等で披露し、グループ企業全体の事故防止を図っています。一方、中堅以下中小零細企業までの会社は、その規模にかかわらず、取組みに濃淡がはっきりと出ています。数百両を保有する中堅運送会社より、20両程度の会社のほうが事故防止に成功しているケースも見られます。全社が真剣に取り組む教育と形だけの教育との差がはっきり出ています。

　私が見てきた会社の中で、事故防止に成功している会社がよく実践している内容は以下の通りです。

① 「事故防止が最優先事項である」と経営者自らが毎日発言し、現場で叱咤激励している。
② 毎月定期的に実施する安全会議で参加者が真剣に討議している→決めたことは1年間、全社集中取組とする。
③ 事故の要因分析やヒヤリハット分析に力を入れ、対策を絞り込み、実行計画を全員にわかりやすく伝えている。
④ デジタコやドラレコ、適性診断をもとにドライバーごとの癖を把握している。
⑤ 班制度を導入している→班ごとにヒヤリハットの収集、ハザードマップの作成、班別安全目標の設定、班別報奨金の活用
⑥ ドラレコを活用したKYT、その他写真やビデオを活用して危険箇所や作業方法を教えている。
⑦ 整理整頓、洗車、点検、挨拶など、基本動作の励行に注力している。
⑧ バック事故の撲滅に力を入れ、一旦降車を徹底している。
⑨ 公道、構内での一時停止の徹底に注力している。
⑩ フォークリフトの事故防止対策に注力している。
⑪ 朝礼の際、安全行動指針を全員で唱和している。
⑫ 点呼の仕方を運行管理者に教育している（声がけ、質問の仕方、コミュニケーション等）。

　成功している会社には、社内に「事故は絶対起こせない」という空気が感じられます。

事故を起こした社員に対する賃金への反映方法

Q4-5

「働きやすい職場認証制度」の申請を機に、事故賠償金制度の見直しを行っていますが、修理代の本人負担を廃止した場合に事故が増加する懸念があり、どのように変更すればよいのか悩んでいます。他社の例などがあれば教えてください。

A

　トラック運送業において、事故を発生させた従業員に対する賃金への反映方法は各社各様ですが、修理代等について一部本人負担を求める制度を設けている会社が未だに約半数程度存在します。よく見られる制度は、①保険免責額以内の実損額は本人負担とし、それ以上の負担は求めない、②修理代等の実損額について一定額の月額負担金を定め、数か月にわたり給与から「事故分担金」として徴収する、などの制度です。ただし、労働基準法により違約金や損害賠償の予定は禁止されており、あらかじめ本人の分担金額を決めておくことはできません。

　この問題は労使トラブルになることが多く、また2020年度から始まった「働きやすい職場認証制度」のチェック項目にもなっていることから、見直しを検討し始めた会社があります。現行の本人負担制度を撤廃すると気が緩んで事故が増加するのではないかと懸念する会社もありますが、今までに制度を廃止した途端に事故が増加した会社はありません。

　重要なことは、事故賠償金制度の廃止と評価制度とを区別して考え

ることです。「安全」は運送会社の命綱であり、全社員が常に意識すべき最重要事項です。安全行動の遂行状況を正しく評価し、賃金に反映することは絶対に必要であり、事故の有無や無事故の継続状況を評価して賃金に反映すべきです。月例賃金でも賞与でも結構ですが、常に意識してもらうためには月例賃金に毎月反映するほうが効果的です。

　なお、事故による本人負担は望ましくないのですが、労働基準法に抵触しない範囲で一部残したほうがよいと主張する経営者もいます。例えば中小運送会社の事例で、あるドライバーがスピード超過の無謀な運転で物損事故を起こしたことがありました。経営者が本人から事故時の状況を聞いたところ、「社長、会社は保険に入っているのだから問題ないでしょう」とまったく反省の態度が見られません。社長はそれまで「事故を起こしたくて起こす社員はいないので賃金には一切反映しない」との考え方でしたが、「従業員の中には、自分のことしか考えない者がいる」と再認識し、安全意識が欠如した一部の社員に対して自覚を促すため、適用可能な制度の構築が必要だと考え直しました。

　法律上、あらかじめ損害賠償金額を決めておくことは禁止されていますが、過失事故により発生した実損額や過失の度合いに応じて損害額の最大25％程度までの負担を本人に求めることは可能です。労使間でよく話し合い、どのような制度が最も自社に適するかを検討してみてはいかがでしょうか。

業務中の社員が
意識を失い倒れた

Q4-6

先日、勤続4年のドライバーが、業務中に突然意識を失って倒れ、病院へ搬送されました。会社としての対応や留意点について教えてください。

A

　庫内作業員やドライバーが勤務中に突然意識を失い、倒れて病院に搬送されることがあります。その原因は本人の持病や労働環境など様々ですが、予期せぬ事態に慌てるのではなく、どの作業現場でも起こり得ることとして普段から留意点を確認しておく必要があります。

　事態が発生したら、まずは本人の救護、そして家族への連絡、入院手配等、迅速な対応に努めます。独身者の場合、両親が遠方から駆け付けることがあるので、駅からの送迎や宿泊手配なども会社で行います。業務中の事案なので、運輸支局への報告対象になる場合は、報告の手配をします。

　労災の対象になるか否かは、①業務遂行性と②業務起因性の両面で確認されます。①の業務遂行性は、勤務中なので該当します。②の業務起因性は、倒れた原因が業務にあるのか否かということです。原因が明らかに業務外の理由であれば該当しませんが、長時間労働やその他の労働負荷による場合は業務起因性ありと判断されます。

　業務起因性については、脳心臓疾患の場合、㋐異常な出来事、㋑短期間の過重業務、㋒長期間の過重業務の主に3つの観点で労災認定の判断がなされます。㋐は発症の前日までに特に精神的・身体的な負荷

や作業環境の変化があったか否かを見ます。直前の事故発生などです。④は発症前1週間に特に過重な業務を行ったか否かを見ます。1週間の深夜労働実態などです。⑦は発症前6か月の疲労の蓄積を見ます。深夜勤務や不規則勤務などの勤務形態、炎天下の業務や騒音などの作業環境、事故などの精神的緊張などを含みますが、最も注意すべきことは時間外労働の状況です。月45時間超の残業から業務起因性との関連が認められ、発症前1か月間に100時間または2～6か月平均で月80時間超の時間外労働があれば、ほぼ業務に起因すると認定されます。拘束時間や休息時間、休日の取得状況、その他総合評価で判断します。日頃から長時間労働を放置し、健康診断等の健康管理を曖昧にしていると突然の事態で会社の責任を問われることになります。

なお、道路交通法の定めにより、診察した医師が自動車の安全な運転に支障を及ぼす一定の症状に該当すると判断し、公安委員会に対して届出を行った場合には、免停などで本人の乗務が禁止されることがあります。

意外と間違いやすい是正勧告・行政指導の指摘事項

運送会社が行政処分や是正勧告を受けた指摘事項の中で、実務上、意外と間違いやすいポイントがあれば教えてください。

A

　臨検や行政監査で運送会社がよく指摘される指導内容はどの会社もほぼ類似しており、大抵は、残業時間や拘束時間、休息期間など労働時間に関する事項、割増賃金の未払いや最低賃金割れなど賃金に関する事項、または年休の未取得や賃金台帳の未記入等に関する事項です。しかし、中には、指摘を受けてはじめて「そうだったのか」と気付く会社があります。最近発生した事例の中から、意外と間違いやすいポイントについて列記してみます。

① 　残業単価を算出する計算の分母に使う「月間所定労働時間数」に、各月ごとに異なる労働時間数（例えば労働日数21日の月は168時間、22日の月は176時間など）を使用し、年間平均の月間所定労働時間数（例えば2080時間／年÷12＝173.3→173時間／月）を使用していなかったケース。各月の所定労働時間数が異なる場合は、法令で年平均の月間所定労働時間数（例：173時間）を用いて残業計算をする定めになっており、異なる計算で残業代に不足が生じた月は遡及精算を指導されることがあります。

② 　短時間労働のドライバーに健康診断を受診させていなかったケー

ス。通常、正社員の労働時間の4分の3未満の短時間勤務を行う場合、法定の健康診断を受診させる義務がありませんが、ドライバーの場合は、2018年3月の改正通達により、過去1年間に健康診断を受診していない者を乗務させてはならず、労働時間数にかかわらず健康診断の受診義務があります。短時間ドライバーの管理において、労働法令の規定と行政処分の基準が異なる点に十分気を付ける必要があります。

③　連続運転時間の計算が、運転離脱時間を30分取得した時点で一旦リセットされ、その時点から再び連続運転時間のカウントが始まることに気が付かなかったケース。「運転4時間につき30分の運転離脱時間が必要」の意味を「途中に30分の離脱時間があれば4時間は連続運転可能」と解釈した結果、指摘された会社があります。例えば、運転開始3時間後の時点で30分の運転離脱時間を与えた場合、その時点で連続運転の計算はリセットされ、新たなカウントが始まるのですが、それに続く1時間が前の4時間の中に含まれる時間と解釈し、その後5時間連続走行して改善基準違反となった事例があります。

5

生産性向上対策

中小運送会社の
経営改善のポイント

当社は社員数50名の運送会社です。昨年、先代（実父）から経営を引き継ぎましたが、古い社内風土に違和感があり、早期に改善に向けた取組みを始めたいと考えています。運送会社の経営改善は、一般的にどのような観点で進めていけばよいでしょうか。

A

経営改善に取り組む際は、現状を客観的に見て具体的に問題点を抽出し、改善すべきポイントを掴むことが重要です。しかし、現状分析の作業は煩雑なため、日常手を付けることが少ないものです。結果として、根本的な問題点を改善しないまま、直面する課題のみに目が行きがちです。特に、中小運送会社では社長自らが作業をしなければならず、なかなか時間がとれません。

そこで、改善の観点をあらかじめ以下の5つのポイントに絞って検討を進めていくと効果的です。

① 経営理念
② 財務改善
③ 営業力
④ 労務管理力
⑤ 組織の見直し

このうち中小運送業が勝ち残るための最大のポイントは、③営業力

の強化と④労務管理力の2つにあります。営業力強化とは、新規開拓や対荷主との交渉だけではなく、経営戦略、営業方針を含む広い意味での営業展開力です。労務管理力とはコンプライアンスだけではなく、人材採用力、定着力、生産性向上力、社員育成力などを含みます。経営理念や財務改善、組織の改善は会社の経営力を支える根本の土台だと考えてください。

　以下、簡単に改善ポイントを列記します。

　まず経営理念です。経営理念や経営方針は社内外に宣誓する経営改善のスタートになります。経営理念は経営環境の変化や世代交代に応じて見直すことが可能です。古い体質を変えたいときに新しい経営者の考えを打ち出す必要があります。

　次に財務改善です。運送業の場合は3つの観点で検討します。通常の財務諸表分析（いわゆる財務比率による分析）、運送原価分析（車両別、荷主別、個人別）、運行効率の分析（稼働率、実車率、積載率）の3つです。特に限界利益が出ていない業務、その他利益が芳しくない車両や業務の原因の洗い出しが重要です。大事なことは正確に計数で把握することです。

　組織の見直しは大きく3つに分けられます。①グループの組織改編（ホールディングス化、分社など）、②会社内の組織改編、③班組織の新設など新たな管理組織の創設の3つです。組織の作り方は会社の活力を大きく左右します。管理者の選定や育成も考慮して実行します。経営改善は会社の事情により、どうやるか、どこまでやるか、が異なりますが、一度ゼロベースで「あるべき姿」を描いてみるとよいと思います。

運行効率 50%超を
目指すためには

現在、当社では運行効率向上を目指して運行体制の見直しを実施しています。人手不足に加え、長時間労働抑制を要請される経営環境下で、他社は運行効率を上げるためにどのような工夫をしているのか教えてください。

A

　運行効率は、運送業経営において最重要の管理指標といえます。運行効率の良し悪しで実運送会社の収益がほぼ決まるからです。運行効率は実働率と実車率および積載率の掛け算で算出されます。各比率の目安はそれぞれ75％以上であり、その掛け算である運行効率の目安は40％以上です。しかし、現実には各比率とも60％台の会社が多く、運行効率は40％を割っている会社が見受けられます。一方、工夫した運行管理を行っている会社は各比率が80％以上となっており、運行効率は50％台に達しています。この差はどこにあるのでしょうか。

　最近は深刻な人手不足の影響で、稼働していない車が出始め、「うちは常時3台のトラックが稼働していませんよ」などと聞くことがあります。今、適正な車種構成になっているかを改めて見直すことが必要です。車両の大型化で効率を追求するのか、むしろ小型車両に集約して台当たりの積載率向上を目指すのか、を再検討する必要があります。過去に4トン車や大型車を次々と増車してきた会社が、積荷や運行ルートの多様化により、現状では2トン車で十分であると判断し

て、準中型免許のスタートを機に、新卒や未経験者の採用・育成に注力した事例もあります。

　また、高収益のＡ社は、実働率の計算に「時間」の概念を取り入れています。通常、実働率は日数で計算しますが、その会社は車が24時間のうち何時間稼働しているかで判断しています。人を替えて夜中や早朝にも車を稼働させる考え方です。そのため、夜間に短時間だけ働きたいという人材を夜間要員として正社員で雇っています。短時間正社員制度です。別のＢ社では週３日だけ働きたいという社員を採用しています。１日の所定労働時間は10時間の変形労働時間制です。休憩や休息期間等の法令を遵守しつつ、運行効率を高めるためには、採用の仕方を多様化し、複数の社員で車の実働率を高める工夫が必要です。

　なお、実車率の向上には帰り荷の確保が必須であり、数社で復荷交換契約を結び、効率アップを図る会社もあります。積載率向上には新規荷主開拓で積合せの貨物を増やす必要があります。これらの対策に加え、人材採用方法の多様化を検討し、運行効率50％超を目指してください。

今のうちに全荷主と燃料サーチャージを交渉すべきか

Q5-3

数年前、燃料が高騰した時期に燃料サーチャージの導入を検討しましたが、その後に燃料価格が沈静化し、導入しないまま現在に至っています。今般、全荷主と運賃値上げを交渉するにあたり、燃料サーチャージの導入についても併せて交渉すべきでしょうか？

A

　軽油価格が2009年を底に長期上昇傾向を示していた頃、トラック運送業界全体で燃料サーチャージ導入の機運が高まりました。ところが、2014年の夏をピークに軽油価格が下落し始め、2016年春に底を打つまで下がり続けました。本来、燃料価格の変動に左右されない経営体質を築くための燃料サーチャージでしたが、燃料価格の低下により制度の導入に向けた熱が少し冷めた感があります。現在、中小運送会社で燃料サーチャージを全荷主と締結している会社はほとんどないのが実態です。

　本来、燃料サーチャージは燃料価格が低下した時期に取り決めておくと経営上のメリットがあります。最近（2021年〜2022年）の軽油価格は急激な上昇傾向を示しています。燃料価格が今後どう動くかは国際政治・経済の動向次第であり、現在の混沌とした世界情勢の先行きを予測することは困難ですが、過去10年程度の軽油価格のトレンドを見ると、上昇リスクを考えるべきでしょう。今は燃料サーチャージの交渉を全荷主と行うタイミングです。

また、燃料サーチャージを導入すべきと考える理由の一つに人手不足があります。運送業が安定して経営を維持するためには、今後不可避となる人件費上昇分を運賃価格に適正に転嫁させる必要があり、燃料価格の変動とは切り離して交渉することが必要だからです。燃料価格の変動リスクは燃料サーチャージに分離したほうが得策です。

　燃料サーチャージの計算方法や契約の中身は各社まちまちであり、運賃に一定の上昇割合を掛けてシンプルに決めている会社もあれば、車種別平均燃費と平均走行距離および燃料の現在価格と基本価格の差（価格変動額）をもとに計算している会社もあります。今後検討するなら、原価管理とリンクさせて決定するほうが数字に説得力が出ますし、サーチャージを適用する価格変動幅も、現実的な5～10円程度に設定すべきでしょう。

　なお、人件費の上昇分について運賃交渉する際も、どの程度人件費負担が増えたかを明確に説明できるようにしてください。賃上げは基本給の中に組み込むのではなく、例えば「処遇改善加算」など賃上げ部分を判別できる支払い方が望ましいでしょう。運送業の経営は今後ますます難しくなりますので、一歩先を読む先取り経営が望まれます。

労働環境改善のために「多能工化」を進めよう

Q5-4

当社では現在、社員の労働環境改善に向けて「労働時間削減プロジェクトチーム」を設置し、取組みを開始しています。どのような点に留意して進めればよいか、他社の事例を教えてください。

A

　ある中堅運送会社では、年初から社内に「適正化推進委員会」を立ち上げ、労働時間の削減を進めています。年度内に社員全員の残業時間を月80時間以内に抑えることを目標にして活動しています。その会社は地場から長距離まで多種多様な業務を行っており、保有する車種も小型車からトレーラーまで多彩です。業務によっては常時60時間以内の残業に収まっている部署がある一方、業務の特殊要因により、複数の部署で常時80時間を超える残業が発生しています。

　私はその会社に毎月訪問し、委員会のメンバーと話し合い、具体的な削減策を検討するとともに実行状況と削減効果を確認し、次の展開に向けた議論を行っています。その中で痛感するのは「ドライバーの多能工化」を社内ルールとして組み込むことの大切さです。トラック運送業の業務には、作業内容の特殊性などから相当の熟練度が要求される仕事が必ずあり、その仕事は決まったドライバーに任せがちです。ドライバー本人も自分しかできないと認識しており、長時間労働もいとわず頑張っている社員もいます。委員会メンバーで残業80時間を超える社員を個別にピックアップし、対策を検討した結果、熟練度を要請される一部業務についても、ローテーションで配車を組み換

え、1週間ごとに交代させて慣れさせることにしました。すると、明らかな労働時間削減効果が生じました。

現場の配車係は荷主からの高い品質要請と時間的要望に応えるため、仕事ができる社員に任せがちです。一時期であっても効率ダウンを避けたいのです。しかし、労働環境改善のためには、目先の効率よりも、労働時間抑制を優先するという選択が必要になります。長期的な視点でトップが決断し、社内に明確な指示を出すことによって、初めて価値観の変化や方向性の統一化が図られます。

「多能工化」は意識して取り組まないと進まず、管理者の指示だけでは浸透しません。「多能工」の社員を評価し、処遇する仕組みを社内に取り入れ、複数業務をこなせる社員を「マイスター社員」として優遇するルールが望まれます。価値観を社内に浸透させるには、それを根付かせる仕組みが重要です。労働環境改善と賃金制度や人事評価制度は密接に関連しています。

標準運送約款の改正を
経営に活かす行動とは

Q5-5

2017年11月に標準運送約款が改正されましたが、待機時間料等を書面化して荷主と交渉した話をあまり同業者から聞きません。実際に他の運送会社はどのような対応をしているのでしょうか？　また、新標準運送約款を今後の経営に活かすためにはどのように行動すればよいのでしょうか？

A

　2017年11月の標準運送約款改正は、運送業の積年の課題に切り込んだ画期的な内容であり、久しぶりに運輸行政の存在感を感じたものでした。この改正を受けて、私の顧問先運送会社では、すぐに新標準約款に基づく料金の届出を行いました。旧約款の届出など考えもしませんでした。顧問先の各社ともに運賃交渉はそれ以前の早期から進めていましたが、待機時間料に関しては依然として曖昧な状態が続いていました。

　料金の届出にあたり、待機時間料等の単価を算出すると高額になり、荷主に請求することを躊躇する経営者もいましたが、堂々と正当な料金単価を設定し、それを請求すべきと伝え、実行してもらいました。

　料金の届出自体は簡単ですが、荷主との交渉が難題と考える会社が多いと思います。しかし、昨今の人手不足の影響で、荷主との関係が従来の下請け従属的な関係から対等に交渉できる土壌に徐々に変化してきました。人手不足は運送業の経営に対しては逆風ですが、対荷主

交渉では追い風です。人手不足により取引条件を改善する好機が到来しています。

標準運送約款改正後、顧問先以外の運送会社も同様に対応するものと思いましたが、運送業界全体を見ると、未だに料金の適正収受に関する交渉をしていない会社が多いと報じられています。なぜこの好機に行動しないのか不思議です。長期間続いた荷不足時代に一方的に取引を切られた経験がトラウマとして残っているのかもしれません。

しかし、運賃や料金の改善は自社が交渉しない限り実現しません。荷主に標準運送約款改正の内容を説明するのは運送事業者自身の仕事です。荷主が自身の業界に無関係な標準運送約款に関心がないのは当たり前のことで、荷主に周知が不十分だから運賃や料金の交渉ができないというのは、自らが行動しない理由にはなり得ません。私の顧問先は、標準運送約款改正のリーフレットを荷主に持参して説明していました。

また、運送委託契約書を作成せず、運送の都度、荷主と合意した運賃で受託している会社も見受けられますが、「1台1日いくら」などと大まかな取り決めでは、時間がコストとして認識されません。これからは書面化したほうがよいですし、実際に書面化している会社のほうが収益力が高くなっています。標準運送約款改正を利用して運送委託契約書と覚書を作成する行動こそ重要です。

告示された「標準的な運賃」の使い方

Q5-6

国土交通省から標準的な運賃が告示されましたが、まだコロナ感染拡大の渦中にあり、荷主に対する運賃交渉ができる環境ではありません。標準的な運賃の使い方など、今後の取組み方について教えてください。

A

　2020年4月24日に国土交通省から「標準的な運賃」が告示されました。これは2018年12月の改正貨物自動車運送事業法により、2024年3月までの時限措置として設けられた制度です。2024年4月からドライバーに時間外労働の上限規制（年960時間）が適用されることから、労働条件の向上を図るための緊急措置として導入されました。

　画期的な告示でしたが、運悪く告示の日がコロナ禍で経済が急激に減速した時期と重なり、運送会社の現場では未だに本来の活用ができていません。しかしながら、一部の運送会社は、このような状況下においても、荷主に対して「今の運賃は国土交通省が算定した標準的な運賃の半分の金額ですよ。御社もコロナで厳しい状況でしょうが、当社も人が集まらず大変です。貴社の物流を安定的に維持するためにも、この状況が落ち着いたらぜひご検討ください」と伝え、取引条件の見直し交渉を継続的に行っています。

　荷主も厳しいこの時期に「標準的な運賃」を使って要望を継続する意味は、①人手不足や現場の労働環境等はコロナ前後で何も変わっていないこと、②コロナ禍中で散見される運賃低下の動きを未然に防ぐ

こと（過去の苦難の体験を再現しないこと）、③運賃の見直しがすぐにできない場合は、待機時間の改善などコロナ禍で荷動きが減少した時期に取り組みやすい改善から実行してもらうこと、等を明確に伝えることにあります。

　なお、具体的に荷主への交渉に活用するためには、告示された「標準的な運賃」を自社の状況に置き換えて、どの程度の金額が標準的な運賃になるのかを試算しておく必要があります。例えば、バン型車の2トン、4トン、10トン、トレーラー以外の車種、および冷蔵冷凍車以外の車種、また架装や車両価格の違い、荷役作業の特殊性の違いなどを踏まえて自社の場合に置き換えて検討し、どの程度原価が増え、どの程度の運賃を要望するのが妥当な金額なのかを把握しておく必要があります。今後、原価の算定基準等が明示された際には、各社における標準的な運賃を試算しておきましょう。標準的な運賃は、賃金水準や償却期間、実車率など、コンプライアンスを遵守した場合に本来あるべき姿で計算されており、健全経営のためには標準的な運賃に近付けていくことが大変重要です。

「生産性を上げる」とは結局、何をすればよいのか

働き方改革に関連して「労働時間の削減」と「生産性の向上」という言葉が最近よく出てきますが、「生産性を上げる」とは具体的に何をすればよいのかわかりません。わかりやすく教えてください。

A

「生産性を上げる」とは、一般的には1時間当たりの付加価値や従業員1人当たりの付加価値を上げることですが、財務面から算出する用語であるため、行動レベルで何をすればよいのかがわかりにくいと思います。運送業の場合、「生産性を上げる」とは以下の5つを意識して取り組むことだと考えてください。

① 運行効率を上げること
② 運転以外の時間を減らすこと
③ 運賃や料金を上げること
④ 配車係やドライバーを教育してその技量を上げること
⑤ 稼げるサービスを新たに開発すること

まず、①の運行効率を上げるためには、当然ながら実働率、積載率、実車率を上げる必要があります。3つの各比率をそれぞれ80％以上とし、運行効率50％以上を目指します。車両の昼夜稼働や貨物の積合せ、帰り荷の確保など、普段から経営者が意識している項目なの

でわかりやすいと思います。

　②の運転以外の時間削減については、待機時間など非効率な時間を極力なくす、荷役作業の機械化や作業内容の見直しなどを進める等が該当します。なお、運行ルートの見直しや大型車両へのシフトで総走行時間を減らすことも有益です。

　③の運賃や料金を上げるとは、昨今では「標準的な運賃」の届出後に、運賃交渉に果敢に取り組むことがこれにあたります。運賃自体の値上げ交渉が本筋ですが、コロナ禍で荷主の体力が減退しており、まずは待機時間料の確実な収受を優先して交渉している会社もあり、自社が取り組みやすい進め方でよいと思います。

　④の配車係やドライバーの教育によりその技量を上げるとは、従業員個々人が持つ能力を最大限発揮してもらうように育てることです。配車係の技量で運送業の収益は約２割変動します。その重要な業務に見合う教育や指導が必要です。また、非効率な情実配車が生産性を下げますので、ドライバーの賃金体系がその要因であれば、賃金の計算基準を変えて、効率配車に専念できる環境を整えることが経営者の役割になります。一方、ドライバーは教育や免許支援制度で多能工社員に育てる必要があります。

　⑤の新たなサービスの開発は、顧客に有益な新たな価値を既存業務に付け加えて収益機会を増やすことです。本来業務（運送および関連業務）の範囲内で開発するほうが成功確率を高めます。

荷主から車建運賃を個建運賃に変更する要請を受けた

Q5-8

コロナ禍の影響で売上が減少したある荷主から、「貨物量が減少しているので現在の車建運賃を個建運賃に変更してもらいたい」との要請が来ました。当社の主要荷主であり、断ることもできず、どのように対応すればよいか迷っています。

A

　コロナ禍で打撃を受けた荷主が経費見直しの過程で「物流費」に着目し、「貨物量が減少して積載率が大幅に落ちているのに、運賃が変わらないのはおかしい」と考え、現行の車建運賃から個建運賃への変更を申し入れてきたものでしょう。しかしながら、そもそも車建運賃で契約した当時、個建運賃の場合に比して安価な運賃に設定していたはずです。長期安定的な仕事なので比較的低価な車建運賃で合意したものと思います。

　そのため、荷主の都合で運賃契約の変更を検討するのであれば、まず基本運賃自体の増額が前提となるでしょう。増額後の基本運賃を基準とし、過去の積載実績をもとに個建運賃の単価計算を行うことになります。その際、単価計算に平均積載率を用いるか、今後も減少見込みであれば、より低めの見込積載率をもとにして適正な単価を計算しておく必要があるでしょう。

　なお、最低積載率を下回った場合の固定運賃については現行の車建運賃より若干引き下げた水準とし、貴社が採算を維持できる程度の価格に設定することでよいでしょう。貴社の採算が保てる前提で、荷主

が求める運賃の変動化を指向し、両者の採算が両立する接点を見出すべきです。また、交渉にあたっては、現在の環境下における運送原価を再度計算して、近時の燃料費の異常な高騰など、前回の運賃決定時の状況とは大きく異なる実態を正確に原価に反映する必要があります。さらに、人手不足の深刻化や最低賃金の大幅な上昇、年休の取得義務化、労働時間削減など、近年の厳しいコスト環境を説明し、その根拠を原価の数字で裏付ける必要があります。これを機に燃料サーチャージ制の導入についても、個建運賃に変更する場合、同時に検討すべき事項として提案するとよいでしょう。

　今回、荷主側の事情から察すると、運賃の引下げを意図している可能性がありますが、相手が主要荷主であれば、貴社は先方の重要なパートナーでもあり、貴社の置かれた現状を正しく相手に伝えておく必要があります。荷主の要望に応えて取引きを継続する努力は大変重要なことですが、一方的な要請を繰り返す荷主に対しては将来的に取引きの見直しを検討すべきであり、そのためにも普段から新規荷主開拓の努力を怠らないことが大事だと思います。

6

働き方改革への
対応策

同一労働同一賃金と
運送業への影響

Q6-1

「同一労働同一賃金」の意味や内容がよくわかりません。我々運送会社にはどのような影響があるのでしょうか？

A

　正規雇用労働者と非正規雇用労働者の間の不合理な待遇差を是正しようとする法制化の動きは、すでに何年も前から進められていました。2012年に改正された労働契約法（旧20条）では、正規と非正規の社員間で「職務内容、当該職務の内容および配置の変更の範囲、その他の事情を考慮して不合理と認められる労働条件の相違」を禁じる規定を置いていました。これと同趣旨の内容は2014年に改正されたパート労働法（8条）でも規定されていました。その後、2018年の働き方改革関連法の成立により、労働契約法の旧20条は、パート労働法（2020年4月1日以降は、「短時間労働者及び有期雇用労働者の雇用管理の改善等に関する法律」に名称変更。以下、パートタイム・有期雇用労働法という）の8条に統合されています。

　政府は2016年、同一労働同一賃金の法制化の方針を打ち出し、その年末に「同一労働同一賃金ガイドライン案」を発表しました。「同一労働同一賃金」は従来、不合理な待遇差を問題としてきましたが、ガイドラインでは、さらに踏み込んで「同一の支給をしなければならない」等と明記しています。基本給や手当、賞与、出張旅費や福利厚生、教育訓練に至るまで、細かく項目を挙げて、「問題とならない例」と「問題となる例」を例示しています。しかしながら、例示の内容を

見ると、実際に起こり得る様々なケースに対してどう判断すればよいかが不明確であり、これをもって賃金体系等を早急に見直すという動きにまではなりませんでした。

2018年6月、働き方改革関連法が成立し、パートタイム・有期雇用労働法が2020年4月から大企業に、2021年4月から中小企業に適用されました。この対策を考える際、実務的には裁判所の判断、特に最高裁判例を参考にして検討を進めていくことが重要になります。同一労働同一賃金に関する初の最高裁判例が2つの運送会社の判例でしたので、そこから具体的な実務対応が見えてきます。

業務内容や配置の変更などの定義付けが重要になりますが、現在、すでに賃金改定を進めている運送会社もあると思いますので、特に賃金に関連して注意すべき事項を挙げてみたいと思います。

① 賃金の合理性の判断に関しては、基本給や手当、賞与、退職金など、それぞれの賃金項目ごとに支給目的や賃金格差等から個別に合理性の判断がなされるため、それぞれの支給目的や支給基準を再整理して明確にしておく必要があります。例えば、賃金規程中の「基本給」の決め方に「年齢、勤続、学歴」などの属性基準を設けている会社の場合、同じ属性の社員については正規・非正規を問わず同一賃金にする必要が生じます。また、諸手当に関しても、その目的と支給基準を再度整理しておく必要があります。特に、実態とかけ離れた規定のひな形を使っている会社や手当などの定義を曖昧にしている会社は要注意です。

② 諸手当の中で食事手当や特殊勤務手当など多様な手当を支給している会社は、その手当が本当に必要なものなのかを今一度見直し、支給目的が曖昧な手当については改廃を検討すべきでしょう

③　賞与の決定等に評価制度を設けていない会社は、非正規社員から「正社員と同一の貢献度である」と主張されたときに、格差の理由についてその根拠を示せるのか再度検証しておく必要があります。これからは評価制度の導入が必須となるでしょう。

2023 年に時間外手当の割増率が上昇する問題への対応

Q6-2

近々、中小企業において月 60 時間超の時間外労働に対する残業代を今の 2 倍の割増率で計算して支払うことになると聞きました。当社は月 60 時間を超えて残業するドライバーが多く、人件費増加の負担に耐えられるか心配です。対応策などあれば教えてください。

A

2018 年の労働基準法改正により、中小企業への影響が大きい改正がなされました。「中小事業主に対する時間外労働の割増賃金率適用猶予規定の廃止」です。従来、大企業に限って運用されていた 60 時間超の残業に対する割増賃金率上昇（25％→50％へ）の規定が 2023 年 4 月から中小企業にも適用されることになりました。

残業時間が多い運送会社は対策が急務です。特に中小運送会社は拘束時間が長く、残業時間が他業種より多いため、月 60 時間を超える時間外労働に対して 5 割増しの賃金を支払うことになると、人件費の急増が避けられません。この改正部分の施行期日が 2023 年 4 月に予定されていることから、人件費の「2023 年問題」と呼ばれています（または 2024 年の残業上限規制と併せて「2024 年問題」と呼ばれることもある）。

現状、「自動車の運転の業務」に携わる事業場のうち、月 60 時間超の時間外労働が発生している事業場の割合は約 4 割と、他の職種に比較してダントツに高い状況です。さらに、月 100 時間超の時間外労働

が見られる事業場が約1割もある状況です。運送業は、脳・心臓疾患や精神疾患の発生率が他業種に比較して突出して高く、長時間労働による過労運転が大事故につながるリスクを考えると、長時間労働の抑制は避けて通れない課題です。さらに、最大の経営課題である「人材採用・定着」への対策としても長時間労働の抑制が必要不可欠となっています。これらのことから労働基準法改正への対策として、まずは長時間労働の改善が必要といえます。

　従来なかなか進まなかった「手待ち時間の削減」についても、もう先延ばしができません。受け入れられない場合は撤退も覚悟の上で、荷主と真剣に交渉する時期が来ました。一方、荷主も真剣に検討しなければならない社会情勢になっています。物流に携わる人材が枯渇することは、すなわち物流がストップするリスクに直結するからです。積卸し作業の改善、トラック予約受付システムの導入、出荷建屋の導線見直し等々、労働時間を10分削減する努力から始めることが肝要です。協力して改善することでパートナーシップがより高まり、物流品質向上にも結び付きます。

　なお、現状の作業環境を改善する一方、現在の賃金体系や時間管理など労務管理全般を見直す検討を始めるべきでしょう。従来の賃金体系や労働時間管理の方法でよいのか、改善の余地があるのか、より実態に合った合理的な体系を早めに検討することが重要です。

避けて通れない 運送会社の労働時間管理

Q6-3

従業員の労働時間管理が必要なことはわかっていますが、当社では現在ドライバーの出庫時間や休憩などを本人の自主性に任せているため、労働時間を正確に管理することが困難です。他社はどのように労働時間を管理しているのでしょうか？

A

　私が約30年間に相談を受けた運送会社は全国で膨大な数になりますが、訪問した運送会社のうち、ドライバーの労働時間管理が完璧に行われている会社は残念ながら少数です。私の経験では、労働時間管理を見事にシステムで管理している会社は約1〜2割程度。対照的に、最初から「ドライバーの労働時間管理は困難」と管理すること自体を半ばあきらめている会社が約3割程度見られます。残りの5〜6割程度の事業者が「時間管理は必要」と認識しながら、「なかなか正しく把握することができない」とジレンマを抱えている会社です。

　一方で、最近の労務トラブル発生件数は急速に増加しています。労務トラブル発生後の人事賃金制度見直しに関する運送会社からの相談がよく寄せられています。ひとたび労務トラブルが発生すると、労働時間管理がなされていない会社はお手上げ状態に陥ります。訴えた社員側の主張がそのまま通り、訴えられた会社側は抗弁すらできません。従前の曖昧な労働時間管理が通用していた時代はすでに終焉し、労働時間管理をしていない会社はまさに裸で戦場を歩いているような無防備な状態といえます。

管理が困難な理由として運送会社の経営者からよく聞く内容は、①休憩時間の実態把握が困難（背景にはデジタコの休憩ボタン押し忘れ、もしくは休憩を故意に待機として入力していた事例などがある）、②荷主先での荷待ち時間短縮のため、必要以上に早く出庫するドライバーが多く、その気持ちが理解できる会社側（運行管理者）としては黙認せざるを得ない、③荷主の事情があり、長時間労働の解消がすぐには困難であるなど、様々です。

　実際に労働時間を管理している会社はどのようにしているかといえば、やはり労働時間管理にデジタコを活用している会社が多いといえます。勤怠管理や給与管理等の労務管理ソフトとデジタコとを連携して管理しており、休憩ボタンの押し忘れがあれば、運行管理者がこまめにチェックして指導しています。出庫前・帰庫後の点検、点呼、洗車等の作業時間については日報で管理するか、もしくはそれぞれの標準所要時間を労使間で話し合い、あらかじめ取り決めている会社もあります。事務員や倉庫作業員はほとんどタイムカードで管理していますが、ドライバーの時間管理にタイムカードを使っている会社は稀です。なお、長時間労働抑制のため、「残業申告書」による許可制を導入し、労働時間短縮に一定の効果を挙げている運送会社もあります。

運送業における
労働時間削減の進め方

Q6-4

当社のドライバーの月平均残業時間は大型車長距離で100時間超、4トン車地場近距離で70～100時間程度とかなり多いため、今後長時間労働の改善に取り組みたいと考えています。運送業が労働時間削減に取り組む場合、どのような手順で行えばよいか、参考までに専門家のコンサルティングの進め方を教えてください。

A

　運送会社の多くは従来から、荷主の要望や都合に合わせて運行時間の設定や荷役作業を行ってきました。このような顧客第一主義の営業方針が強みとなり、営業基盤を拡大し、勝ち組になった会社も多数あります。しかし昨今、コンプライアンス重視の時代背景と人材採用・定着の観点から長時間労働の継続が困難になりました。近年、私にも労働時間削減に取り組みたいとの相談依頼が多くなり、現在具体的に進行中の運送会社があります。変形労働時間制の見直しやシフトの見直しによっても、ある程度の効果が出るのですが、根本的な解決にはなりません。

　労働時間削減を徹底して進める際は、まず実態の把握と課題の分析からスタートする必要があります。改善コンサルティングの具体的な手順としては、初めに月平均残業時間60時間超、80時間超、100時間超、120時間超と、20時間刻みで社員を分類します。次に個人別と荷主別に分類し直し、個人要因と荷主要因を正しく把握します。それまで漠然と考えていた長時間労働の原因を、数値で正確に把握するこ

とが改善の第一歩となります。そして、実態を一覧にした上で、備考欄に残業が多くなる理由を書いていきます。

そのデータがまとまれば、現場管理者を含む幹部社員全員で長時間労働の実態を共有します。現場管理者の時間がとりやすい土日に集まり、会議室でじっくり討議します。特に残業が多いドライバーについては、該当者のタコチャート紙（またはデジタコ日報）を個別に映写し、問題点を全員で共有します。その際、決して担当した運行管理者を責めることはしません。担当の運行管理者には理由を確認するだけです。ドライバー本人の問題なのか、荷主との関係でやむを得ない事情があったのか、などを確認します。

具体的に問題点が共有化されたら、社長から労働時間削減に向けた明確な基本方針と管理者全員への取組指示を出してもらいます。その際、同時に長時間労働削減対策の推進責任者を指名してもらいます。社長自身が直接担当する場合も多いのですが、通常は専務取締役などの管理担当役員です。その推進リーダーの下、現場管理者、総務等を含めたプロジェクトメンバーを決定していきます。そのプロジェクトメンバーとの間で月1回の会合を実施し、具体的な実行と効果測定をしていくことになります。

外部専門家がサポートするメリットは、法的側面や経営的側面から見た方向性の判断が会議中にその場で瞬時に決まること、外部のリード役が存在すると、社内だけではなかなか進まなかった課題が確実に前に進むことの2点です。

労働時間管理を「結果管理」 から「事前管理」に転換しよう

Q6-5

当社は現在、一部の車両にデジタコを導入していますが、残りの車両は2トン車を中心に運転日報で時間管理を行っています。最近、労働時間管理が厳しく問われる中、全車両へのデジタコ導入も検討していますが、望ましい時間管理の方法について教えてください。

A

　「長距離ドライバーの労働時間管理は難しい」、「休憩中なのか待機中または作業中なのかを正確に把握することは困難だ」。これらは時々耳にする経営者の声です。運送業は「改善基準告示」により、ドライバーの拘束時間や休息期間、運転時間などの基準が細かく決められています。多くの経営者も労働時間管理の必要性は理解しています。一方、改善基準順守の難しさを訴える声が多いことも事実です。拘束時間長期化の要因の一つに荷主側の事情による待機時間の長さがあることは周知の事実ですが、違反をすれば行政処分を受けるのは運送会社になります。この理不尽さを嘆く経営者の声は全国でよく聞きます。

　最近はデジタコを導入している会社が増えましたが、未だに導入をためらう経営者もいます。その理由の一つはコスト面ですが、もう一つの理由は、違反の事実が浮き彫りになる懸念があるようです。しかし、運送業界が現在抱える人材不足の課題を、将来に向けて深刻化させないためには、労働時間の適正化に本格的に取り組むしかありませ

ん。運送業界が今後も発展を続けるためには避けて通れない道です。

　では、今後の望ましい労働時間管理はどのようにすればよいのでしょうか。結論から言うと、今後はデジタコの導入が必須になると思います。現在、物流現場の運行管理者の仕事は複雑かつ多岐にわたり、ドライバー全員の労働時間管理を細かく実施する時間がとれていません。まして、運転時間を2日平均や2週間平均で都度全員をチェックすることなど、ほとんどできていないのが現場の実態です。結果として、気が付いた時には月間の違反件数が膨大になっていたという「結果管理」になっています。これを避けるためにはデジタコによる労働時間管理に加えて、労務管理ソフトによる自動チェック機能を利用し、リアルタイムの「事前管理」に転換することが望ましいといえます。

　例えば、新たに配車を組む段階でアラートが出る管理ソフトを活用し、違反件数の拡大を未然に防ぐ体制作りが求められます。人による管理は、人に対する対面での健康管理や安全管理になるべく集中し、機械的な労働時間管理は管理ソフトに任せる時代がすでに到来しているといえます。システムの活用による経営の効率化がもたらす効果は予想以上に絶大です。今こそ従来のやり方から一歩踏み出す時だといえるでしょう。

働き方改革を
乗り切るための対策

Q6-6

働き方改革に伴う法改正への対策を社内で検討中ですが、運送業の実例や対策実務に関する情報が少なく、なかなか具体策が決まりません。特に賃金体系の見直しの方向性に関してどのように考えていけばよいのでしょうか？

A

　働き方改革において推進される項目は「働き方改革実行計画」の中で大きく9つに分類されますが、その中で運送業の経営に最も影響が大きいのは、「非正規雇用の処遇改善」、「賃金引上げ」、「長時間労働の是正」の3項目です。

　非正規雇用の処遇改善については、「同一労働同一賃金」を義務付ける新たな法律が2021年4月（中小企業）から施行されました。また最低賃金引上げについては、全国平均1,000円に達するまで年率3％をめどに実施されており、最近はコロナの影響を受けた2020年を除き、都道府県別に28円前後の高い上昇幅で推移しています。さらに2023年4月からは60時間超の残業に対し、割増賃金の法定割増率が2倍に上昇します。また、2020年4月（中小企業）からドライバー以外の残業時間について上限規制が施行されましたが、自動車運転者に関しては猶予期間を経て、2024年4月から残業上限規制（年間960時間）が施行される予定です。年次有給休暇の年間5日取得義務化はすでに2019年4月から施行されています。

　これら立て続けに施行される法改正は、中小企業の経営に大きな影

響を与えます。これらに対して何も対策を講じないまま法の施行日を迎える会社は、行政監査での是正勧告や送検、労務トラブル等のリスクが増加し、適正な収益の確保が難しくなるため、経営のかじ取りに大変苦慮することになるでしょう。働き方改革は法施行日までに現在の経営体制を再構築することが前提にあり、対策を講じている会社のみ、その実効性が発揮されるものと捉える必要があります。

特に、運送業は他業種（例えばオフィスや店舗、工場等での業務が中心の業態）とはまったく異なり、労働時間が不規則ながら、タコグラフで時間がガラス張りとなり、かつ自宅での持ち帰り残業などが一切できない業態です。つまり、労働実態を変えるしかありません。このような状況の中で、法違反による罰則適用を避けて健全経営を維持するためには、経営の合理化や荷主との交渉と併せて、賃金体系の見直しを含めた抜本的な対策が不可欠です。

現在、私は各地の運送会社で働き方改革に向けた賃金体系の見直し作業を進行中です。ただし、運送会社の業態はばらばらであり、最適な改善策も各社各様であり、実態に応じて検討する必要があります。改善のポイントは、①最低賃金充足、②法定の割増賃金が支給され、未払い残業が発生しないこと、③社員のモチベーションを上げる仕組みを組み込み、④求人を考慮した賃金体系にすることです。改善の観点を上げれば、①業績給、固定給を社員が選択できる賃金制度、②残業で稼がなくとも賃金が確保できる仕組み、③賃上げしても財務に大きな影響が出ない仕組み、などです。運送会社の賃金制度は経営者が考えている以上に多様な作り方ができますので、従前の固定観念を捨てて検討する必要があります。

経営の「見える化」で勝ち残りを

Q6-7

人手不足が深刻さを増す一方、働き方改革で労働時間の削減や休日・休暇の増加に取り組まなければなりません。将来を見据えて中小運送会社は今どのように対応し、勝ち残りを図ればよいのでしょうか。

A

　中小運送会社の経営は、かつてないほど難しい局面に入ってきました。かつて、20年以上続いた荷不足・人余り時代や燃料が急騰した時期など、過去には大変苦労した歴史がありましたが、現在直面している経営課題はそれとは質が異なり、経営者の営業努力だけで解決できるものが少ない状況です。過去とは大きく異なる経営課題に直面し、将来の事業戦略に悩む経営者が増えてきました。

　私の関与先運送会社の中でも今後の事業戦略を構築し直す会社があります。物流業界の将来見通し（人口構成、自動化運転の進展、物流業界でのAIの進展、景気見通し、コロナ禍などの新たなリスク、法改正動向等）を踏まえて、実運送部門と倉庫・物流センター部門との事業ウエイトを見直し、設備投資を従来の車輌中心から物流センターの高度化にシフトしている会社もあります。実運送会社が補助金を利用して倉庫業に進出するケースもあります。また、長距離輸送から地場配送へのシフトもよく見られる傾向です。今後は大手と中小運送会社とのすみ分けが一層明確になると予想し、自社のポジションを再構築する会社が増えています。荷主との交渉も、運賃交渉中心から荷役

作業の見直しや労働時間削減など効率化の交渉にシフトしつつあります。

　そのような変化の中で、当面、中小運送会社は勝ち残るために何から始めればよいのか。現在、明確に言えることは「人が集まらない運送会社に将来はない」ということです。運送会社の財産は何よりも「人」です。その他の経営資源は資金と経営センスがあれば何とか回りますが、「人」だけはそうはいきません。つまり、当面の勝ち残り策は、良い人材を確保することです。そのためには自社の強みを求職者や社会全体に「見える化」し、自社の特長を伸ばすことが必要です。「荷主が自社を理解していればそれでよい」という過去の時代は終わりました。現在の取引先も順風満帆とはいえず、これからの時代はAIの進展等によりどのように劇的に変化するのか、誰も予測できません。

　なお、自社の「見える化」は、その方法が重要です。「見える化」は客観的な要素で納得性を担保しなければなりません。その点、各種認証制度は外部から見てわかりやすいので、積極的に取り込む必要があります。中小運送会社が、最低限取得しておくべき認証制度は①「Gマーク認定」、②「健康経営優良法人認定」、さらに③「働きやすい職場認証」の3つだと思います。その他にグリーン経営認証やISO等、各種の認証制度があり、それらについても必要に応じて取り組む必要があります。これからは自社の付加価値やアピールポイントを社会に示していく行動が必要です。

労働時間の削減に向けた固定残業制の効用

Q6-8

働き方改革に伴う労働時間の削減に注力していますが、労働時間を減らすと同時に給与も減るため、ドライバーからは不満の声が出ており、社内で退職の意向を漏らす者も出始めています。同様の悩みに対応策を講じた事例があれば教えてください。

A

中小運送会社では、2024年からドライバーの時間外労働に対する上限規制が始まることもあり、労働時間の削減は喫緊の課題であり、私への相談件数も増加しています。関与先企業の中には、社内に「労働時間適正化プロジェクトチーム」を組み、1年以上にわたって労働時間削減に向けたサポートを行っている運送会社もあります。労働時間削減を進めるための具体策として、「待機時間の削減と運賃適正化に向けた荷主交渉」、「荷主都合による拘束時間が長い仕事からの撤退」、「荷役作業の効率化、システムや機械の導入」、「ドライバーの多能工化による業務量の平準化」など、検討可能な対策は着々と講じています。

しかし、対策を進める上で最も問題になるのは、労働時間短縮に伴いドライバーの賃金が減額になることです。賃金低下は時間短縮に対する社員のモチベーションを大きく阻害します。社員のための労働時間削減が逆に社員の反発を招くという事態が、運送業の一部ですでに起き始めています。中には「やる気があるのに仕事ができない」、「稼げないなら他の会社に転職したい」と公言するドライバーも出てくる

始末です。

　このような不満に対して、労働時間を削減しても賃金があまり下がらない仕組みを導入しない限り、全社員の理解を得て労働時間削減を進めることは困難です。本来は、運賃交渉で運賃収入を上げて、賃金単価を上げることができれば理想的ですが、運賃交渉にスムーズに応じてくれる荷主ばかりではなく、対応に窮している中小運送会社が多く見られます。

　労働時間の削減により残業時間が減っても賃金が下がらない仕組みの一つとして残業代をあらかじめ固定で支払う方式が考えられます。ただし、固定残業制は、その支払方法に留意すべき点があります。適正に運用するためには、①明らかに割増賃金としての性格を持つこと、②所定内賃金と割増賃金が明確に区分されていること、③労働時間管理を適正に行い、法定の計算による割増賃金額より支給額が不足している場合は不足分を補填すること、④固定残業代と実際の残業時間との間に大きい乖離がないこと、⑤固定残業について賃金規程に明記され、社員の理解を得て運用されていること等の条件を満たす必要があります。

　私の関与先の中には、固定残業制を導入し、適正に運用することで、労働時間削減が進めやすくなり、社員の残業時間を月平均20時間程度削減できた運送会社があります。社員が安心して労働時間の削減に取り組める体制に変えることで、全社で働き方改革に前向きに取り組むことができた一例です。

「同一労働同一賃金対策」何から始めればよいのか

Q6-9

同一賃金同一労働に関する法律が施行されたと聞きましたが、中小運送会社が行う対策として具体的に何から始めればよいのかわかりません。

A

　2020年4月1日からパートタイム・有期雇用労働法が施行され、中小企業には2021年4月1日から適用になりました。この法律により、有期雇用労働者やパートタイム労働者と通常の労働者（いわゆる正社員等）との間の不合理な待遇差や差別的な取扱いが禁止されました。また、待遇差について社員に対する説明義務が課されることになりました。

　「同一労働同一賃金」については時々誤解している経営者もいますが、この法律は正社員間の待遇差や非正規社員間の待遇差を問題にしているのではなく、正社員と非正規社員との待遇差のみが問題になります。また、労働条件を無条件に同一にすることを求めているのではなく、法律の要件に照らして「業務内容」や「責任度合」、「職務内容や配置の変更の範囲」等に相違がある場合は、待遇差の理由を社員に説明し、その相違内容に応じてバランスのとれた処遇にすることを求めています。したがって、職務内容や配置等に何も違いがないのであれば、同一の処遇（均等待遇）にしなければなりません。

　中小運送会社が具体的に行うべき実務的な対策としては、下記のような対策を検討してください。

① 正社員、嘱託、パート等の雇用区分ごとに現状の労働条件を一覧表で整理し、相違の有無を再確認する。例えば、中小運送会社の場合は、賃金、賞与、退職金の他、休暇や社員表彰制度、社員旅行、旅費日当、食事代、研修などの福利厚生全般について検討。適用の有無や基準等に違いがあれば、その理由を備考欄に記載して整理しておく。

② 正社員、嘱託、パート等の雇用区分ごとに「業務内容」、「責任度合」、「職務内容や配置の変更の範囲」、「その他」の違いを検討して整理する。違いがある場合は、その違いを文書で明示する。例えば、就業規則中の「社員の定義」の条文にその内容を追記しておくとよい（例：正社員には「職務内容や配置を限定しない」と追記。嘱託やパートには「職務内容または配置を限定して雇用」と追記する。ただし、実態が伴っている必要あり）。

③ 現状の賃金制度（基本給や諸手当、その他）について、各項目別に支給目的を明確にし、支給意義や妥当性を整理して、曖昧な手当等については改廃を含めて見直しの必要性を検討する。

④ 人事考課表を正社員用とパート・嘱託用に分けて作成し、評価項目の内容により役割の違いを明確にする。

　中小企業への適用がすでに開始されていますので、社員への説明義務が果たせるように、対策が未了の会社はなるべく早めに取り組むとよいでしょう。

同一労働同一賃金施行前に賃金体系を全面改定した事例

「同一労働同一賃金」への対策や2024年からの残業時間上限規制への準備を進めるため、現在の賃金制度を全面的に見直して貢献度重視型の賃金体系に変更することを検討しています。運送会社における改定事例があれば教えてください。

A

2021年の4月から、中小企業でもパートタイム・有期雇用労働法による「同一労働同一賃金」の法規制がスタートしました。この法律は正社員と非正規社員（短時間労働者、有期雇用社員、派遣労働者など）との不合理な処遇格差を禁止しています。「業務内容」や「責任度合」、「職務や配置の変更の範囲」などの観点で、両者に相違がない場合は均等の処遇、相違がある場合にも均衡のとれた処遇を求めています。また、会社に説明義務が課せられるため、現在不合理な格差が存在している会社は早急に解消しなければなりません。特に「賃金」に関しては、個々の手当ごとに妥当性を判断されるため、支給の有無や金額等に不合理な手当格差を設けている会社は、損害賠償を請求される恐れがあり、見直しが必要です。

現在の制度を見直す場合、該当する手当等を維持したまま同額の支給に是正する方法がありますが、一方で、「そもそも現在支払っている手当は本当に必要な手当なのか」を考え直し、経営方針に合致した賃金体系への全面改定を選択する会社もあります。

例えば、皆勤手当や無事故手当、食事手当、家族手当、住宅手当、

通勤手当など、職務内容には無関係ながら今まで当たり前に支払っていた手当を「生産性や貢献度の高い社員に報いる手当だろうか」、「賃金の分配は本当に公平で適正だろうか」という観点で再検討する動きが見られます。

　業務内容に無関係な手当を整理して、職務の貢献度に応じた「業績給体系」を導入することで、生産性向上に対するモチベーションを高めたいと考える会社が最近増えてきました。時間ではなく職務遂行度で賃金を決めるため、労働時間を短縮しても手取り額が減少せず、時間短縮を進めやすい利点もあります。

　例えば、地方都市に所在する運送会社 A 社は、正社員に支払っていた家族手当と無事故手当、通勤手当をすべて廃止し、その原資を「新業績給」に移行しました。非正規社員も同様の体系に変更しました。賃金改定時には既得権の維持と激変緩和を目的に、旧手当の金額を一定期間保障することで安心感を与え、全社員から同意を得て実行しました。これにより、従来存在した不合理な手当格差が解消されるとともに、社員の日常の仕事ぶりが生産性を意識したものに変化し、無駄な残業時間が目に見えて減っていきました。

同一労働同一賃金最高裁判決に基づく今後の対策とは

Q6-11

同一労働同一賃金に関する最高裁判決を受けて、今後、運送会社に求められる対策を教えてください。

A

　2020 年 10 月、同一労働同一賃金に関する重要な最高裁判決が連続して出されました。地下鉄の売店や学校で勤務する非正規社員が、それぞれ退職金と賞与について、非正規社員に支給されないのは不合理だとして損害賠償を求めた裁判では、最高裁は退職金と賞与に関して、「不合理とまでは評価できない」とし、会社側の勝訴となりました。一方、郵便事業会社に勤務する有期契約社員が扶養手当や年末年始勤務手当等について、正社員のみに支給されていることを不合理だとして争った裁判では、最高裁は「不合理」と認め、会社側が敗訴しました。

　2020 年 10 月の一連の判決と 2018 年 6 月の運送会社 2 社に対する最高裁判決とにより、同一労働同一賃金の考え方と会社の対策がより鮮明になってきました。一連の最高裁判決を受けて、早急に社内制度を見直す必要があります。見直しの観点を以下に列挙します。

① 正社員と非正規社員（嘱託、パート、等）の定義付けを就業
　規則に明記する。
　　例：「正社員は長期雇用を前提とし、職務内容および勤務地
　　を限定せず、会社の命により異動することがある。中核社員と

して担当業務の完全遂行のみならず、社内全般業務に関心を持ち、意見具申、社員教育指導を遂行する責任を持つ」、「嘱託社員は定年後に1年契約で再雇用された社員であり、職務内容、勤務地の変更は行わない。やむを得ず変更する場合は本人の同意を得るものとする。担当業務を完全に遂行する役割を持つ」などと記載する。

② 人事考課表を社員ごとに作成する。

　　正社員用と嘱託・パート用の人事考課表を区分し、正社員用の考課表は、例えば「後輩社員等に対する教育指導」、「生産性向上に関する取組み」など正社員の役割と責任を評価する項目を追加し、非正規社員用には日常の担当業務を完全にこなすことのみを求める項目にする。

③ 賃金体系をゼロから見直す。

　　最高裁判決により、支給目的が同じ諸手当の格差はほぼ全面的に不合理と認定されることが鮮明になった。

　本来、賃金は職務内容や業務の遂行度、貢献度等によって公正に支給されるべきものであり、家族手当や皆勤手当等の手当を連ねる賃金制度が本当に合理的な体系なのかを再検討し、ゼロベースで見直す必要があります。2021年4月からすでに新法が中小企業に適用されていますので、見直しは早急に行う必要があります。

運送会社のテレワーク

Q6-12

最近、コロナ感染防止対策でテレワークを導入する会社が増えているようですが、運送会社でテレワークを導入している事例や導入を検討する際の留意点があれば教えてください。

A

　最近はどの運送会社を訪問しても、マスク着用、入り口での消毒、検温の実施が当たり前で、応接スペースや会議室でも参加者間の間隔を空けて打合せを行うなど、コロナ感染防止対策が定着してきた感があります。ところが、他業種でよく見る「テレワーク」の導入が、運送会社ではあまり見られません。

　テレワークは本来、時間と場所を有効に活用して効率的に仕事をする働き方の推進から始まりましたが、今はコロナ感染防止に向けた安全配慮義務の一環として導入する会社が増えています。運送会社で導入が進まない理由は、そもそもドライバーや庫内作業員などの仕事はテレワークに適さないこと、配車係や現場管理者の仕事は現場作業員の管理であり、テレワークに向かないことがあります。

　現在、運送会社でテレワークを導入している部門は、主に上場または中堅運送会社の本部スタッフが中心ですが、最近になり、中小運送会社でも本社スタッフ部門などに導入を検討する動きが出始めています。一部の会社では、本社の社員に対して、本社に出勤しなくても自宅または自宅に近い営業所等での勤務を認めている会社もあります。今後、対面点呼等の規制が緩和されると、現場管理者にもフレキシブ

ルな働き方の導入が進むかもしれません。

　テレワークの導入を検討する際は、テレワークの定義や対象者、服務規律、労働時間や時間管理の方法、休憩、休日などの労働条件、および費用負担などについて、「テレワーク勤務規程」により、明確に取り決めておく必要があります。在宅勤務・勤務場所以外の施設での勤務等の勤務形態、機密情報が漏洩しないよう勤務場所の環境条件や情報管理の方法等を定めておきます。

　労働時間や休憩、休日等は通常の勤務と同様に考えれば結構です。ただし、労働時間の把握方法を決めておかねばなりません。仕事の開始時と終了時に上司に報告するなどのルール作りが必要です。なお、みなし労働時間制が適用できる職務の場合は検討してもよいでしょう。

　労働条件面では、通勤手当を出勤日のみの支給に変更するケースがありますが、この場合は不利益変更になることがありますので、社員の同意を得ておきます。なお、テレワーク時も通常と同様に労災の対象になりますので、注意が必要です。

運送業の労働時間管理に最適なシステムとは

Q6-13

ドライバーの労働時間管理に悩んでいます。現在は運転日報から手作業で集計していますが、不正確な記載が多く、また事務員の負担が大きいため、システム化を検討しています。導入時の留意点等があれば教えてください。

A

デジタコから自動集計する勤怠管理システムを導入する運送会社が増えてきましたが、未だに手作業で集計している運送会社のほうが圧倒的に多く見られます。

近時は労働時間管理について労働基準監督署や陸運支局の監査でも相当厳しい見方をされるため、不正確な管理を行うことが許されなくなりました。勤怠管理をシステム化せざるを得ない状況になっています。しかし、せっかく導入したシステムが運送会社の実態に合わず、使えないというケースも見られます。ドライバーの労働時間管理が他の職種と大きく異なるためです。一般に市販されている汎用型の勤怠管理ソフトは使えず、運送業に特化した勤怠管理システムを導入する必要があります。

労働時間管理を含む勤怠管理のシステム化を検討する際には、以下の点をよく確認することをお勧めします。

① 労働時間の捉え方が運送業に合致しているか。特に作業開始から24時間を1日として管理しているか（深夜0時で日に

ちが更新されていないか）。休息期間の捉え方が現実の運行実態とあっているか（1日の区切りが適正にできるか）。休憩時間の管理がしやすいか。

② 勤怠データが給与計算に連動しているか。賃金体系に歩合給が含まれるなど複雑な体系の場合でも、対応できる管理ソフトになっているか。残業時間や深夜時間が自動計算されて、社員個々の賃金決定に連動できるかどうかが、事務合理化に結び付くか否かの最重要ポイントとなる。

③ 改善基準告示に照らして現状の遵守状況が確認できるシステムになっているか。拘束時間や休息期間の他、運転時間など全項目チェックが可能なシステムが望ましい。

④ デジタコ、アルコールチェックいずれでも時間管理が可能か。点呼・点検・洗車等の時間を適宜追加・修正できるシステムになっているか。

⑤ 特定メーカーのデジタコしか使えないシステムか、他のメーカーでも使える汎用性のあるシステムか。デジタコの買換えが必要か、既存のデジタコを使えるのか。

⑥ 導入コストは予算の範囲内か。

⑦ 入力作業の支援やアフターフォローの体制は納得できるものか。

⑧ 委託する会社の経営基盤は問題がないか。導入後に倒産し、アフターフォローが消滅するリスクはないか。

今後の法改正に向けた準備とは

Q6-14

運送業の経営に影響を与える今後の法改正について、その内容と対策を教えてください。

A

2021 年は緊急事態宣言の再発令からスタートし、現在はコロナ感染防止対策が最優先事項となっていますが、今後、続々と法改正が控えていることを忘れてはいけません。法改正に対する準備をおろそかにしていると経営に大きな影響を与える可能性があるからです。

2021 年以降、運送会社に影響が大きい法改正を時系列で整理すると、まず 2021 年 4 月に、中小企業も「パートタイム有期雇用労働法」の適用対象となりました。いわゆる「同一労働同一賃金」の法規制です。併せて同時期に「高年齢者雇用安定法」の改正が施行され、70 歳までの就業機会の確保が努力義務として課されました。高齢者は非正規社員として再雇用する場合が多いため、2 つの法律は相互に関連しており、適切な対策を講じる必要があります。具体的には、業務内容や責任の程度、配置の変更の範囲などの観点から、雇用形態ごとに位置付けを整理し、社内規定などに明記する、また、労働条件に不合理な格差があれば是正しておく必要があります。

2022 年 4 月に、中小企業もパワハラ防止法（改正労働施策総合推進法）の適用対象となりました。職場のパワハラ防止の方針を服務規律や懲戒規定に明記するとともに、社員研修の実施、相談窓口の設置などをしなければなりません。

また、2022年10月には、年金制度改正法により、従業員数100人超の会社でパートにも社会保険が適用になります。2024年には従業員数50人超の会社に対象が拡大します。人件費負担が増加する会社は経営計画に組み入れて、対策を検討しておく必要があります。

　2023年4月には、労働基準法改正に伴い、1か月60時間超の残業に対して残業代の割増率が2倍（25％→50％）に上昇する規制が中小企業で始まります。特に残業時間が多い長距離輸送の会社は、労働時間短縮に向けた対策を前倒しする必要があります。

　2024年4月からは、自動車運転業務従事者に対する時間外労働の上限規制が施行されます。残業を年間960時間以内に抑えられない会社は、懲役（6か月以下）や罰金（30万円以下）等の罰則が適用になります。労働時間短縮ができない会社は市場から撤退せざるを得ない状況になります。

　また、2025年には賃金債権の消滅時効が3年から5年に変更になる可能性があり、未払い残業代請求訴訟が激増する恐れがあります。賃金体系の見直しは早めに行う必要があります。

労務面でまずチェックすべき取組課題とは

Q6-15

2021年度以降、法施行等の動向を見て、中小運送会社がまずチェックすべき取組課題があれば教えてください。

A

　2021年4月から、中小企業もパートタイム・有期雇用労働法が適用対象となりました。同一労働同一賃金に向けた取組みが未実施の会社は、今後訴訟を起こされて損害賠償を請求されるリスクが極めて高くなります。本来は適用開始までに対策を準備しておくべきですが、対策が未了の会社は今からでも遅くないので社内制度を点検し整備しておくべきでしょう。全日本トラック協会のホームページ内に「トラック運送事業者のための同一労働同一賃金の手引き」とその解説動画（後編の講師は私）が掲載されていますので、運送会社が具体的に何をすればよいのかを再確認し、早期に対策を完了してください。

　次に、最低賃金については、2020年10月の改定はコロナの影響で横這いまたは微増にとどまりましたが、最近、改めて「より早期に最低賃金平均1,000円の目標を達成する」との方針が示されましたので、2021年度以降、再び最低賃金の大幅な上昇が復活します（2021年10月の改定は平均28円上昇となりました）。

　最低賃金割れについては、過去に遡及して是正を命じられ、数百万円を支払った運送会社もあります。特に、最低賃金の計算に含まれない「家族手当」、「皆勤手当」、「通勤手当」などの手当や多額の固定残業代などを支給している会社は、法定の計算で不足がないかを再検証

し、必要に応じて賃金制度の見直しを検討するとよいでしょう。

　また、年次有給休暇の5日取得義務化については、法施行後すでに3年を経過して、一定程度浸透していますが、未だに一部の運送会社では不十分な状況が見られます。特に短時間労働者であっても、例えば、週4日の社員は勤続3年6か月、週3日の社員は勤続5年6か月を過ぎると有休取得義務化の対象者となりますので注意してください。法施行後数年を経過しており、今後は労働基準監督署の臨検等で実態を確認される可能性が高いため、要注意です。

　併せて有休取得時の賃金については、特に歩合給の場合に計算の相違が散見されるので、法定の計算式を再確認して間違いがないか点検してください。また、有休の賃金計算において、固定給の場合は「通常の賃金」を使用する会社が大半ですが、歩合給の場合は社員の公平感や計算の簡素化を重視して「標準報酬日額」を使用する会社もあるので、自社の実態に応じてそれぞれのメリット・デメリットを再検討しておくとよいでしょう。

時間外割増賃金率が上昇するとどうなる？

Q6-16

2023年から残業代の割増賃金率が上昇する予定と聞いています
が、運送業の経営に対する影響や準備事項などを教えてくださ
い。

A

2010年の労働基準法改正により、残業時間が60時間を超えた段階
から割増賃金率が25％から50％に上昇することが決まっており、中
小企業については長年適用を猶予されてきましたが、いよいよ2023
年4月から適用されることになりました。

例えば固定給30万円、月間所定労働時間173時間、残業時間100
時間の会社の場合、2023年4月以降は、30万円÷173×1.25×60≒13
万円が残業60時間に相当する割増賃金となり、30万円÷173×1.50×
40≒10.4万円が残業60時間超の部分（100－60＝40時間）に相当す
る割増賃金になります。残業代は合計23.4万円となり、賃金の総支
給額は30万円＋23.4万円＝53.4万円となります。

一方、同じ残業時間で歩合給30万円の会社の場合は、30万円÷総
労働時間（173＋100）×0.25×60≒1.6万円が残業60時間に相当する
割増賃金となり、30万円÷273×0.50×40≒2.2万円が残業60時間超
の部分（40時間）に相当する割増賃金になります。この場合、残業
代は合計3.8万円となり、賃金の総支給額は30万円＋3.8万円＝33.8
万円になります。

賃金体系が固定給か歩合給かにより、要支給額に大きな違いが生じ

ますが、いずれにしても人件費負担が増加することになります。

　なお、割増賃金で支給する方法以外に、割増賃金率の増加部分（50
－25＝25％の部分）について、有給の代替休暇に置き換える選択肢も
あります。前述の例で計算すると、40時間×割増賃金上昇率（0.5－
0.25）＝10時間のうち8時間を代替休暇1日に充当することが可能で
す。この場合、余りの残業8時間分（40h－32h）については割増賃
金で支給する必要があります。労使協定の定めにもよりますが、代替
休暇の取得可否や取得時期などは社員の判断となり、会社に時季変更
権はありません。代替休暇取得は2か月以内であり、取得できない場
合は割増賃金で支給します。代替休暇は半日単位か1日単位となり、
余った残業時間分は割増賃金の支給が必要です。かなり煩雑な計算と
勤怠管理を求められる上に、人手不足に苦しむ中小運送会社が代替休
暇を与えられる余裕は少ないため、代替休暇の制度を利用する運送会
社は限られるでしょう。

　そのあと、2024年には時間外労働の上限規制も控えており、残業
時間の抑制は待ったなしの状況です。2023年と2024年の法改正によ
る大きな激変期をどう乗り切るのか、遅くとも1年前の2022年まで
に本気で対策を検討する必要があります。

労働時間を削減すると賃金はどうなる？

働き方改革で従業員の労働時間を減らした場合に賃金が減るのではないかと社内から不安の声が出ています。今、コロナ禍で減収中の荷主に運賃引上げ交渉などできる状況ではなく、現状では時給を上げる余裕がありません。同業他社の対策事例を教えてください。

A

　労働時間を削減しても社員の賃金を下げないための方策として、以下が考えられます。

① 生産性を向上させ、短時間で同じ売上を確保する体制を構築して賃金の時給単価を上げる。
② 固定残業代を賃金に組み込み、現状の賃金総額を社員に保証することで労働時間の短縮を図る。
③ 固定給から業績給への変更を行い、賃金計算を時間から作業実績に変えることで、労働時間の削減が賃金水準に与える影響を抑える。
④ 荷主との運賃交渉で運賃単価を上げて賃金の時給単価を上げる。

　以上の中で、理想的には①と④が最も望ましく、各社がその実現を目指していましたが、2020年から一気に拡大したコロナ禍で状況が

一変しました。コロナ禍で困窮する荷主との運賃値上げ交渉はほぼ停止状態となり、仕事の安定確保と社員の雇用維持が最優先課題に変わりました。

　一方、働き方改革はコロナ禍とは無関係に施行される予定であり、ドライバーの残業規制が2024年に施行されたあとに予想される退職者の続出が大きな懸念材料になりました。社員の退職を避けるため、今、②と③の方策を真剣に検討する運送会社が増えています。

　例えば現在、賃金総額40万円（所定労働時間173時間）で月100時間の残業をさせている運送会社が月60時間へ残業時間を減らした場合、賃金がどうなるかを試算すると、「固定給A社」の場合、固定給23万2,000円と残業代16万8,000円で総額40万円だったものが、残業時間削減後は固定給23万2,000円と残業代10万1,000円になり、賃金総額が33万3,000円に下がります。実に6万7,000円の減収です。

　一方、「業績給B社」の場合、業績給36万6,000円と残業代3万4,000円で総額40万円だったものが、残業時間削減後は業績給36万6,000円と2万円になり、賃金総額が38万6,000円になります。減収幅は1万4,000円に縮まります。

　固定給体系は上記の場合、残業代が賃金総額の約4割を占めており、残業が生活費として組み込まれているため、残業時間を減らすと生活ができなくなり、社員の退職を誘発しやすいのです。業績給は計算を作業ごとに行うため、作業効率を上げ作業時間を短縮、または荷主との交渉で待機時間を削減しても賃金にあまり影響を与えません。

　なお、固定残業代を導入した場合は労働時間を削減しても賃金が減収にならないため、退職防止に一定の効果がありますが、賃金が固定化されるため「頑張っても何も変わらない」などと社員のモチベーション低下を招くケースがあります。モチベーション維持と生産性向上を考慮した場合、運送会社は業績給導入を検討したほうがよいでしょう。

運送業の 2024 年問題とは

Q6-18

運送業の 2024 年問題とは何でしょうか？　その概要と影響などを教えてください。

A

　働き方改革には中小運送業が乗り越えるべき 5 つのハードルがあります。

---

① 年休 5 日取得義務化（2019 年 4 月〜）

② 時間外労働の上限規制一般則 年 720 時間の適用（2020 年 4 月〜）

③ 同一労働同一賃金（2021 年 4 月〜）

④ 月 60 時間超の時間外割増率引上げ 25 ％ → 50 ％ の適用（2023 年 4 月〜）

⑤ 自動車運転業務の時間外労働上限規制 年 960 時間の適用（2024 年 4 月〜）

　このうち①〜③はすでに施行されていますが、今後始まる④と⑤の法改正は、①〜③の比ではなく、運送業の経営に甚大な影響を及ぼすことが確実です。2024 年問題とは、直接的には前記⑤のドライバーの残業規制（およびその前年の④割増賃金率の上昇を含む一連の法改正）と、それらが運送業の経営や物流システム全体に与える甚大な影響のことをいいます。

今までドライバーの長時間労働を前提に仕事を発注していた荷主や受注していた運送会社は、現状を改善しない限り確実に行き詰まります。特に長距離輸送の分野は影響が甚大です。従来は、自社の36協定の限度を超えない限り法違反にならず、改善基準告示の限度を超えない限り行政処分を受けませんでした。2024年4月以降はドライバーの残業が年間960時間を超えた段階で罰則（30万円以下の罰金または6か月以下の懲役）の適用対象になります。

　また、改正労働基準法の施行に併せて改善基準告示の拘束時間が短縮される予定です。労働時間に関する新しい規制を無視した会社は、最悪送検、または行政処分を受けて経営の継続が困難になります。運送会社が2024年以降も経営を維持するためには、今の運行体制を見直すしかありません。荷主も同様であり、一部の荷主では物流の再構築が必要になります。待機時間の削減、デポの立地見直し、物流体制の再検討、運送委託先の変更などの動きが出てくるでしょう。

　一方で、運送会社で労働時間の削減ができても、それに伴い従業員の賃金が減少すれば、退職を誘発し、人手不足の加速が予想されます。その対策として労働時間の削減と賃金の維持を同時に達成する必要があります。

　さらに2024年問題の対策を困難にしているのが、法改正当時には想定外だったコロナ禍の問題です。運賃・料金の引上げが2024年を乗り切るための必須条件ですが、コロナ禍により運賃等の交渉が非常にやりづらい状況が続いています。加えて最低賃金の大幅上昇による人件費増、燃料価格の急騰などが追い打ちをかけています。今は2024年対策まで考える余裕のない運送会社が多く、本当に2024年を乗り越えられるのか大変心配な状況になっています。

7

事業承継対策と
その他の
経営課題

運送会社の事業承継対策

Q7-1

創業者で社長の父は現在 65 歳です。私は長男（29 歳）であり、将来は社長を継ぐことになると思っていますが、父から交代時期など具体的な話はありません。父はすべて自分で決める性格なので、元気なうちは社長を続けるつもりだと思います。他の運送会社では事業承継についてどのようなタイミングで取り組まれていますか？

A

　最近、運送会社からの相談で、経営の代替わりに関する話が急に増えてきました。運送会社は昭和 40 年代から 50 年代にかけて創業した会社が比較的多いため、創業社長の年齢がすでに 60 歳代後半から 70 歳代に達しています。丁度、代替わりの時期に直面している会社が多いのです。

　本来であれば、事業承継時期の約 10 年前から計画的に準備を進め、承継時期が来たら円滑に代替わりすることが望ましいのですが、現社長が体力の衰えを感じるまで経営を頑張るため、事業承継対策が後手に回っている会社が見られます。創業社長によく見られる傾向です。おそらく、今後 3 年以内に世代交代が集中して発生する事業承継のピークを迎えるものと思います。

　中小運送会社では、社長に子供がいない場合は M&A の検討や信頼できる役員に会社を任せる選択をする会社がありますが、一般的には子供など親族への事業承継が多く見られます。子供は父が事業承継の準備を進めてくれるだろうと思っていますが、多くの会社で、具体

的な準備が進んでいません。準備をしないうちに社長が急逝し、後継者が大変苦労している例を何社も見てきました。

　事業承継は誰に承継するかを決めたら、毎年計画的に準備を進めることが必要です。例えば生前贈与を活用するなら、長期間にわたる継続した対策が必要です。自社株の移転方法や相続税の資金準備などをよく検討しないと、将来親族間の争いに発展することがあります。また後継者の育成計画をおろそかにすると、取引先や従業員の反発、離反につながり、会社が危機に瀕するケースもあります。

　経営者の中には「うちは有限会社だから特に対策は必要ないのでは」とか「代替わりの時期になったら顧問税理士に相談すればよいだろう」などと誤った理解をしている人もいます。現社長が経営している間に社内の整備を進め、後継者が苦労しない体制を構築しておくことが最も大事なことです。経営理念や事業計画等を社内で共有し、社内制度の不備な点を整備しておくことが重要なのです。世代交代直後によく労使トラブルが発生しますので、事業承継の準備は早ければ早いほうがよいといえます。後継者は、親に任せるのではなく、事業承継について自発的に話合いの場を設けることが必要です。

M&A か経営継続か
判断の分岐点

Q7-2

中小運送会社の経営者です。子供がいないため、将来の後継者は
まだ決まっていません。最近、人手不足に加えて中核社員の退職
が続き、事業の先行きに大きな不安を感じています。先々代から
続いた会社を継続したい思いと経営の先行きが見えない焦りが交
錯し、どのように判断してよいか迷っています。

A

　最近の数年間で、中小運送会社から事業の継続に関する相談が増え
ています。M&A に関する相談も多くなりました。この背景には、①
後継者不在、②人手不足や退職者増加による事業の先行き不安、③相
次ぐ法改正などの経営環境変化に対する不安感、④ M&A に対する
抵抗感の減少などの要因があると思います。

　事業の継続に関する判断には、まず現状の経営状態の分析が必要に
なります。荷主の状況と取引関係、将来の見通し、現有資産の状況、
社員の質、財務状況などを多角的に聴取し、その会社の強みと弱みを
分析します。人手不足については人材確保対策の見直しで改善する余
地がありますので、給与や休日、福利厚生などの労働条件を確認し、
改善策を検討します。収益の改善策は、経営戦略の見直しも含めて検
討します。これらの分析から、今後経営の改善が見込める場合は事業
の継続を第一義として検討することになります。

　ただし、経営者の事業意欲が著しく減退している場合、経営者の思
考が事業撤退に大きく傾いている場合があります。そうなると、経営

を改善して立て直そうとしても前向きに取り組む意欲が湧かないことがあります。経営者の気持ちが最も重要です。特に後継者が不在という事実は、経営の継続をあきらめる最大の要素になっています。この場合、幹部社員への継承も考えられますが、候補者がいても株式買取り資金の問題等があり、なかなかうまく解決しません。

　一方、M&Aで会社の経営を中堅企業に任せる選択肢があります。経営者自身は経営から身を引くことになりますが、現在の荷主や従業員に不安感を与えず、従前の取引関係を維持したままで継続することができます。以前は企業売却のマイナスイメージがあり、躊躇する経営者も多かったのですが、現在はM&Aがかなり一般的になり、抵抗感が薄れてきました。仮にM&Aで事業を売却する場合は、どの程度の売却額が見込まれるのか、売却後の事業運営はどうなるのかなどの情報を掴んでおくことは決して後ろ向きのことではありません。

　事業意欲が減退し経営が委縮してくると、財務状態が悪化し、廃業以外の選択肢がなくなることもあります。まだ体力があるうちに将来の方向性を検討しておくことが重要です。判断は余力があるうちに行う必要があります。

運送会社における
社内組織の見直し方

Q7-3

当社は社員数70名、車両台数52台の運送会社です。管理職が育っておらず、指示命令が徹底されない悩みを抱えています。次年度に向けて新しい社内組織を構築したいと思っていますが、運送会社に適した組織の作り方があれば教えてください。

A

　上場企業は別として、一般の中小運送会社の社内組織は概ね、シンプルな機能別組織です。ただし、運送業の業態は荷主、貨物の種類、車種、運行エリア等により多種多様であり、最適な社内組織は会社ごとに変化します。実運送だけでなく、物流倉庫を複数所有していたり、引越しや物販、工事部門など多様な業務を抱えていたりしますので、その事業内容や会社規模、会社の発展段階などに応じて、組織の作り方は変化していきます。

　例えば、規模による組織の作り方の違いを挙げると、次の通りです。

① 社員数20人未満

　家族経営的な原始組織でも十分機能します。具体的には、オーナー社長が会社全体を管理し、社長夫人（または親族）が経理・総務などの管理部門を担当、社長の下に営業兼運行管理者の息子がいて配車管理全般を行う体制です。

② 社員数20人以上50人未満

社長一人で全体を見ることが次第に困難になり、明確な機能別組織を作る必要があります。具体的には、社長の下に管理部（もしくは総務部、経理部など）、および業務部（もしくは運行管理部、運輸部など）、会社によっては営業部などを置き、業務部の下に各営業所や物流センターを配置する組織が一般的です。各部署に管理職を配置します。

③ 社員数50人以上100人未満

管理範囲が広がるため、管理組織を細分化していくことになります。特に、業務部の下に組織する管理体制を見直すことが多く、例えばリーダー（班長）制度などを作っていくことになります。この組織を作る理由は、主に日常の安全管理や健康管理の側面が大きく、日々互いの顔色がわかる程度の組織体制にすることで、健康面のチェックと事故防止が万全にできるようになるからです。さらに、各リーダーに管理者の意識付けを行い、会社の指示命令を末端まで徹底させる目的で設置します。

④ 社員数100人以上

営業専任者を配置したり、経営企画室を新設し社長の補佐役として経営戦略を考えたり、全社横断的な課題を担当させることになります。これは規模の拡大に伴い、コンプライアンスの徹底が難しくなり、システム投資など組織として取り組む業務が増加するためであり、効率的な分業体制を構築する必要があるからです。

運送会社の組織を活性化する具体策

Q7-4

当社は車両台数 50 台超まで会社の規模が拡大してきましたが、最近は社員間のコミュニケーションが希薄になり、一体感が欠けてきたように感じています。組織の活性化を経営課題として取り組む方針ですが、運送会社における効果的な進め方がわかりません。

A

　会社が数十人規模に拡大してくると、それまで家族的な付き合い方でうまく回っていた職場が次第に変化していきます。社員の中には、様々な考え方を持ち、中には勝手な行動をとる社員が出てきて、職場に気の合わない仲間が増えていくことになります。運送会社は社員が最大の財産であり、社員間での不協和音は仕事の効率にとって大きな阻害要因となります。組織の活性化は会社が健全に成長していく上で重要ですが、具体的にどのような取組みをしている運送会社が成功しているのでしょうか。

　これまで、多数の運送会社を見てきた経験では、以下の取組みをしている会社の組織がうまく機能しているといえます。

　第一に現場管理組織の強化です。部課長クラスがデスクで管理していても、ドライバーや庫内作業員の一人ひとりの働きぶりを見て、その場で指導や援助をすることはできません。特に、勤務時間帯がバラバラで全員が一堂に会する機会も少ないドライバーのコミュニケー

ションは難しい課題です。運送会社において、現場に密着した班制度が必要な所以はそこにあります。班制度は、単に班長を任命すれば機能するというものではありません。定期的な班別会議の実施、班別報告書の提出、班長会の開催、班の食事会への金銭的支援、役員や管理職の参加、安全に関する班別発表会の実施、班別表彰、等を実施することにより、班長および班員の意識が向上して、職場全体のコミュニケーションが良化していきます。

　第二に、勤務外でのレクリエーションの取組みも重要です。特に社員の家族に参加してもらえるハイキング等の社内行事は、会社の一体感を醸成するのに極めて有効です。社員にとっては、家族が仕事を理解してくれることが最も働きやすい仕事環境となります。また、家族の理解が深まれば、家での休息期間の過ごし方も家族が注意するようになり、事故防止にも大きく寄与します。

　第三に、これが最も重要なキーポイントですが、役員および管理職の役割と責任の明確化です。組織図がない運送会社を時々見ますが、これは論外です。組織図がなく、責任や権限が不明確なまま、個人のやり方に依存した管理方法では、組織の活性化が望めず、会社に勢いが生まれません。組織を明確にして管理職の役割を明示し、管理者の指導力を高める研修に思い切って投資すべきです。会社を発展させたいのであれば、管理職を徹底的に鍛えることが重要です。イキイキとした強い組織の会社は、共通して管理者教育を実施しています。

運送会社が絶対に
加入すべき保険とは

現在、保険の加入について再検討しています。運送会社が絶対に
加入しておくべき保険があれば教えてください。

A

　自賠責保険については当然に加入義務がありますので、ここでは民
間の任意保険について回答いたします。

　運送会社といえば、まず自動車保険と貨物保険ですが、運送会社で
自動車の任意保険に加入していない会社は、自家保険で運用が可能な
大規模会社ぐらいでしょう。まれに、零細企業で任意保険対物未加入
の事業者が見られますが、これは論外です。ちなみに、自家保険の判
断となるボーダーラインは保有車両500両程度が目安です。保険限度
額は対人無制限が当たり前。対物は企業規模等により1,000万円程度
から無制限までまちまちですが、無制限を推奨します。貨物保険に関
しては荷主と運送事業者との契約によりますが、やはり付保しておく
べきでしょう。これらは運送業を営む以上、最低限の必要経費となり
ます。

　なお、最近の傾向からすると、物保険より人保険のほうを充実させ
る傾向が強く表れています。その背景には、従業員の権利意識の向上
による訴訟やトラブルの増加があります。従来はうやむやに処理され
ていた労働問題が、すぐに訴訟案件になる時代であり、労災やハラス
メント等の労働問題が起こると極めて多額の損害賠償を請求されるか
らです。賠償額は1億円を超えることも珍しくなく、10年前の相場

から見ると倍増しています。多額の賠償金を請求されると小さな会社は事業の継続が困難になります。

　現在、運送会社が絶対に加入しておくべき保険の第一は「使用者賠償責任保険」です。「労災上乗せ保険」、「所得補償保険」も検討すべきでしょう。労災認定に至らないケースであっても、民事で損害賠償請求を受けることはあります。そして大事なことは、会社が通常求められる労務管理を実施し、（労災の本人自身さえも）異常を意識していない状況でも労災は発生するということです。私の関与先運送会社でも、突然、労災案件が発生することがあります。脳心臓疾患の発症のように労災に該当するか否かの判定が難しいケースであっても、民事で損害賠償を受けて莫大な慰謝料や逸失利益、休業補償の一部を請求されることがあります。

　その他、「雇用慣行賠償責任保険」についても同様に加入を検討する運送会社が増えています。労働問題の増加に伴い、社員を守る保険（ひいては多額の損害賠償から会社を守る保険）の必要性が高まっているといえます。

中小運送会社の新型
コロナウイルス感染予防対策

Q7-6

全国に感染が広がっている新型コロナウイルスの予防対策として、中小運送会社が実際に現場で行っている取組内容について教えてください。

A

　新型コロナウイルスの感染拡大により日本経済は甚大な影響を受けました。中小運送会社の現場にもその影響が顕著に表れています。物量や売上減少など経営に対する直接的な打撃は、取扱貨物（鉄鋼、自動車、紙など）や荷主（海外取引中心など）により影響度合に相違が見られます。また、新型コロナウイルス感染予防対策については、特に食品を扱う運送会社や介護施設や保育園等に配送している運送会社において取引先から厳しい管理を求められています。日常の感染予防対策に関しては、ほぼすべての運送会社が何らかの取組みを行っています。

　中小運送会社が行う感染予防対策のうち最も多いのは、点呼時の体温測定と体調のチェックです。非接触型の体温計を使っている会社、各自が自宅で測って点呼時に体温を申告させている会社、点呼場で各自が測っている会社、体温計を社員に支給している会社などまちまちです。体温の申告だけでなく、当日の咳やだるさの有無、家族の健康状況、近親者・隣人等の感染の有無などを、日々確認している会社もあります。37.5度以上の熱があれば乗務させずに退社させるルールを決めている会社もあります。

次に多い取組みは、手洗いやアルコール消毒の励行、マスクの着用を義務付けることです。作業前後の手洗いやアルコール消毒は必須で、事務所内でも励行しています。業務中に着けるマスクは会社負担で全社員に配布している会社が多いです。玄関や点呼場に消毒液を設置している運送会社が多く、来客にも徹底して実施しています。

　求職者との採用面接については、一次面接をオンライン面接に切り替えている会社も出ています。また、感染拡大中は会議や社員研修が実施できないため、厚生労働省の感染予防チラシを拡大したものを点呼場や休憩室に掲示し、予防行動を注意喚起している会社が見られます。地場ドライバーの場合は近隣の感染状況を知っていますが、長距離ドライバーは遠隔地に行きますので、各地のクラスター感染発生状況等の情報を共有し、休憩時の飲食店利用時に注意するよう指導しています。業務によっては書類伝票類の受け渡し、貨物の引き渡し時等にも注意するように指導しています。また休日の過ごし方を指導しており、多人数での会食やパチンコ、カラオケ、ライブハウス、スポーツジム等の密室空間を避けるように注意しています。

　これらの対策は、感染者の発生で会社が被る甚大な影響を防ぐ狙いもありますが、社員に対する安全配慮義務がある会社の責任として取り組む必要があるでしょう。

新型コロナ感染拡大が
運送会社の実務に与えた影響

Q7-7

新型コロナウイルスの感染拡大により、運送会社の実務にどのような影響が出ているのでしょうか？

A

　新型コロナウイルスの感染拡大に伴う経済の停滞により、多くの中小企業に甚大な影響が出ています。私が関与する運送会社は全国各地に存在し、その規模や業態、保有車両の種類など多種多様ですが、今回の事態が経営に与える影響は、荷主や取扱貨物により二極分化しています。物量が激減し、従業員の自宅待機や休業等の措置を検討している会社群と、物量は減少していないけれども感染防止対策に大変苦慮している会社群とに分かれます。

　物量が激減している会社は、主に荷主企業の操業が止まっている会社です。この場合、雇用維持の問題が極めて重要になります。政府の緊急支援策が継続され、雇用調整助成金の特例や無利子無担保の制度融資、各種補助金制度等の諸施策が打ち出されていますので、経営者は厚生労働省や全日本トラック協会などのホームページで最新情報を掴み、迅速に経営に活かすことが極めて重要です。運送会社の中には、この事態に直面して、改めて平均賃金や休業手当の算出方法を再確認している運送会社も見られました。つい数年前まで人材確保対策に奔走していたとは思えないほどの急変ぶりです。

　一方、物量が減っていない会社群は食品や日配品の配送などで、特に衛生用品（マスク等）の配送を行う運送会社は労働時間の特例申請

を促されるほど多忙になりました。それらの会社群は取扱商品の性格上、感染防止対策に極めて厳しい要請を受けており、管理に神経を使っています。運送会社特有の留意点は、全日本トラック協会が2009年に発行した新型インフルエンザ対策ガイドラインの緊急対策マニュアルおよび副読本に詳しく記載されているので、その内容を全員に周知することが重要です。

　また、コロナ禍における変化として、優良な人材が求人募集に応募してくる動きが顕著に表れました。例えば、管理業務を任せられるIT人材、運行管理や営業等に長けた中堅人材、30〜40歳代の中堅ドライバー等が採用できて驚いている経営者が複数見られます。運送業から他業種に移った人材が、また運送業に戻ってくる動きも見られました。彼らは応募動機として「やはり安定して仕事ができる会社が一番」と語っています。コロナ禍はとても大変な時期なのですが、この機に運送会社が優良人材の受け皿になるという意識と行動が大切です。人材確保の観点を常に忘れないことが重要です。

先行きが不安定な時代の
経営のポイント

Q7-8

新型コロナウイルスの感染が世界中に拡大し、経済環境がこの数年で激変しました。近い将来すら見通せない不安定な時代に、運送業の経営を安定的に維持するための心構えやポイントを教えてください。

A

　元来、運送業は景気の波や国際情勢の変化など、外部環境に左右されやすい業種です。景気の上昇時には半年遅れでプラスの恩恵を受け、景気後退の局面では半年前からマイナスの影響を受けます。運送業の経営者は、多少景気が上向き経営が好転しても、「好景気が当たり前に続くことはない」と常に意識しておくことが大事です。現在、新型コロナウイルスの猛威で経済が激変していますが、これも過去に経験した不安定化要因の一つと考えるべきです。

　運送業の経営安定化を考える場合には、財務体質が重要であり、固定費と変動費のウエイトがポイントになります。景気の波により売上が増減するとき、固定費のウエイトが大きい会社ほど利益の変動幅が過大になり、経営が不安定化します。景気の上昇局面では高収益の恩恵を享受できますが、景気の後退局面では、想定を超える赤字に陥り、急速に経営悪化を招きます。一方、固定費のウエイトが小さい会社の場合は、売上の増減による利益への影響は小幅にとどまります。景気上昇局面では多少旨味が少なくなりますが、景気後退局面での急速な経営悪化は避けることができ、景気の波による経営の不安定さは

軽減されます。

　固定費過大で失敗した運送会社の例を挙げてみます。物流二法施行当時（1990年）、ある地方の中堅運送会社がドライバー確保のため、本社を改装し、賃金を上げて固定給化しました。ところがその直後から景気が後退し、経営が悪化しました。メインの取引銀行から人件費削減による収益改善を融資継続の条件として提示され、従業員に協力を依頼しました。しかし、一旦上昇して固定給化した賃金を見直すことに従業員が反対し、何度も話合いを持ちましたが、同意を得ることができず、ついにその会社は経営の継続を断念しました。

　賃金は下方硬直性があり、一旦上げた賃金を下げることはできません。経営の安定化を考えれば、固定給による賃上げ（＝固定費化）ではなく、業績給による賃金増額（＝変動費化）の判断もあったかと思います。また、強い運送会社は本社の建物（＝固定費）に金を使いません。本社は質素な事務所にして、現場に金を使います。固定費のウエイトを下げてフレキシブルな経営体質を志向することも、不安定な時代の経営戦略といえるでしょう。

コロナ後を勝ち抜く
運送業経営のキーポイント

Q7-9

コロナショックによる経済危機の影響で、経営状況が一層厳しくなってきました。コロナ後の運送業の経営において留意すべき観点がありましたら教えてください。

A

　運送業を取り巻く経営環境は、コロナ禍により大変厳しい状況が続いています。荷主や取扱貨物等に応じてコロナの影響度合にばらつきが見られますが、運送業の経営者は今回のコロナショックを教訓に、今後を勝ち抜くための体制チェックを行う必要があります。

　コロナショックにより、明確になった運送業経営のキーポイントを以下に10個挙げてみます。

①1荷主に依存しない。1荷主への依存度は全体の3割未満にする。同一業種の荷主に偏らない（特に、物流子会社は外販へのシフトが必要）。

②季節の繁閑を平準化する（荷主構成や取扱貨物の見直しを検討）。

③自社車輌の採算性を重視する（傭車の収益に頼らない。今回のコロナショックで傭車売上が落ち込み、自社部門の採算割れで赤字に転落した運送会社が散見）。

④求貨求車のネットワークに入っておく（人と車輌不足から荷不足に急変。環境が変化してもフレキシブルに対応できる体

制が必要)。

⑤ 景気後退期こそ若年者の採用に注力する（今は優良な人材を採用しやすい時期。次の景気回復期に基盤人材となる若手を採用する）。

⑥ 手元流動性を確保しておく（資金繰りが行き詰まると、経営を維持できない。無利子で借りやすい時期には流動性を確保する。手元資金の余裕度は安全性につながる）。

⑦ 経営コストの変動費化を意識する（固定費が大きいほど環境変化に対する耐性力が落ちる。運送業はもともと固定費が大きい業種であり、意識的に変動費化を志向するほうが安定する。賃金体系も、固定保障給化より業績貢献度による変動費化のほうが運送業には適する）。

⑧ 労務リスクに備える（未払い残業代請求対策、労働時間の管理、同一労働同一賃金対策、残業時間の上限規制や拘束時間見直しへの対策、最低賃金上昇対策など、今後増加する労務リスクに備える。コロナ禍中でも多数のトラブルが発生中）。

⑨ コンプライアンスと収益性の両立を考える（どちらか一方では経営が成り立たない。自社の最適解を検討する。専門家の意見も取り入れるとよい）。

⑩ 経営戦略上の必要な投資は躊躇しない（例えば、自社に隣接する土地が急に空いたら、積極的に取得または賃借して倉庫建設等将来への足がかりにする等）。

物流子会社が実運送業務に
進出する際の留意点

Q7-10

当社は大手メーカーの物流子会社です。現在、運送取扱業務のみ
行っていますが、今後は自社内でトラックを保有して実運送業務
を行うことを検討中です。留意点等がありましたらご教示くださ
い。

A

　トラックを保有せず、協力運送会社との連携によって主に親会社の
物流管理を担ういわゆる「物流子会社（物流管理会社）」の形態は、
特に中堅企業において全国的に見られる形態です。過去に「商流・物
流の切離し」、「本業特化」等の観点で、物流子会社を新設する動きが
各地で広まり、現在に至るまで継続してきました。

　ところが、近年は、①深刻なドライバー不足、②（働き方改革な
ど）コンプライアンス経営に対する社会的要請の高まり、③新型コロ
ナウイルスによる経済変動等の不安定要因が増大しており、「安定的
な物流体制維持」の命題が脅かされ始めました。近時のコロナ禍で物
資の安定供給がますます重要になる中、他社に依存する他力本願型で
はなく、自社内に実運送部門を立ち上げ、親会社のネームバリューで
優良人材を確保し、自前で強固な物流体制を構築するべく、検討を始
める会社があります。

　ただし、物流子会社が実運送業を指向する場合は、安易に取り組む
のではなく、以下の主な留意点を踏まえて十分に検討を重ねる必要が
あります。

① 自社内でトラックを保有したり、ドライバーを雇用したりせず、実運送会社は100％子会社として独立して作ること

② 人事賃金制度の適切な構築が最重要。親会社や物流子会社の制度をそのまま流用してはならない。職務の特性を考慮し、職務ごとに賃金体系を作ること

③ 実運送会社のドライバー管理は事務系社員の労務管理とは大きく異なるため、実運送業の経営や労務管理に習熟した人材を管理部門に配置すること

④ 安易に実運送会社の買収に走らないこと

⑤ 実運送会社の収益管理は独立して厳格に実施すること

上記5点の背景と理由は次の通りです。

① 親会社や物流子会社自体が実運送会社になることは、将来予期せぬ様々なリスクを抱え込む可能性がある。

② 職種間で勤務形態が大きく異なるため、無理に統一すると労務管理上の多様なトラブルが想定される。

③ 経営の安定化のためには適切な管理者の選定が重要である。

④ M&Aで実運送会社を確保するのは早道だが、旧経営体制の中で染み付いた垢を落とすのは至難の業である。

⑤ 実運送部門の利益と傭車差益とを明確に区分して管理する必要がある。また、当初から赤字前提の予算管理をしないことが肝要である。

運送会社の CSR 推進体制

Q7-11

社員数 60 名の運送会社です。今後の勝ち残りを目指して、CSR への取組みを経営の柱にしていきたいと考えています。同業他社での取組状況や留意点を教えてください。

A

　現在、運送業で CSR 推進体制を構築し、社内外に方針や目標を明示している会社はあまり多く見られません。上場運送会社や物流子会社の例が大半であり、中小運送会社ではまだ少数派といえます。ところが最近、中小運送会社から CSR 推進体制を検討したいという相談が複数出てきました。背景には、取引先である大手荷主の大半が CSR や SDGs への取組みを強化したことがあります。運送会社が取り組み始めた理由は、①社内における制度改革への動機付け、②優秀な人材の確保、③取引先との信頼関係強化、④取引先拡大のビジネスチャンス、等を意図しています。

　CSR は文字通り「企業の社会的責任」であり、その取組内容は会社ごとに異なります。始めに各社が自らの社会的責任を分析し、トップの取組方針を明示します。次に具体的な目標設定を行い、その数値を進捗管理していきます。運送会社における CSR 推進体制は、通常、社長が CSR 委員会の委員長となり、役員や幹部社員を中心に構成したメンバーで定期的な打合せを進めつつ、全社に方針を徹底して進捗管理します。

　運送会社の場合は、安全と環境のテーマは欠かせません。例えば、

①安全、②環境、③働きやすい職場づくり、④人材教育などのテーマ設定を行い、それぞれに具体的な目標数値を決め、期限を定めて取り組みます。例えば、①交通事故ゼロ、②作業を含む労災ゼロ、③燃費10％向上、④環境型車両の導入促進、⑤労働時間削減（残業平均60時間以内達成）、⑥休日休暇増加（月平均2日増）、⑦人権への取組み（セクハラ、パワハラ、LGBT研修実施）、⑧女性活躍（女性ドライバー〇人採用）、などのテーマと目標を設定します。

　テーマと目標が決定したら、全事業所（営業所、倉庫など）に各事業所の目標を設定してもらい、次に各事業所の目標に沿って、従業員個々の個別目標を設定してもらいます。このようにCSRの推進を従業員個人の目標に置き換えないと、CSRがお題目で一向に進まないという結果になります。

　人事考課制度は、通常の考課項目に加えて、CSRのテーマに沿った目標管理（自主目標の設定）を付け加えて個人の取組みを評価する必要があります。CSRを活用することにより社内の改善取組に対する意義付けと理解が進みやすいメリットがあります。

運送業における
LGBT への対応とは

Q7-12

当社に最近入社した社員の中に、戸籍上は女性ですが、心も外見も男性の社員がいます。本人は公表しないことを希望しており、普段はドライバーとして男性社員と同じ重量物を扱う仕事をしています。雇用管理上、留意すべき点があれば教えてください。

A

　最近は多様な人材が活躍できる職場環境を目指すため、各社が様々な取組みを始めていますが、LGBT への取組みもその一つです。LGBT とは、レズビアン（L）、ゲイ（G）、バイセクシュアル（B）、トランスジェンダー（T）の頭文字をとった言葉で、性的マイノリティの総称です。性的指向や性自認の如何にかかわらず、誰もが平等にイキイキと安心して働ける職場を作ることは非常に大事なことであり、今、関心が高いテーマの一つになっています。

　ただし、中小運送会社の現状を見ると、LGBT への取組みを体系的に始めている会社はあまり見られません。まだ一部の運送会社の取組みに限られています。

　最近、この問題で運送会社から相談を受けることが時々ありますが、いずれも実際に該当人材を採用した後に、トイレや更衣室、休憩室、シャワー室などの対策の必要性に直面した会社です。LGBT は人口の一定数存在し、該当者数は左利きの人の割合とほぼ同程度（約1割）ともいわれていますので、本来は求人募集活動の段階から LGBT を想定した体制を整えておく必要があります。

例えば、相談しやすい男女複数の相談窓口担当者を選定しておく。社内で周知啓発を目的とした研修を実施し、社員の理解を深めておく。就業規則等に職場内での差別的言動を禁止する旨を規定し、会社の方針を社員に明確に伝えておく。その他、職場で通称使用を可とするのか、家族手当や福利厚生の対象者に同性のパートナーを認めるのかなども、あらかじめ検討しておくべきでしょう。また、トイレや更衣室等の設備や制服等に関する問題は、大変重要ですが、当事者への配慮が何よりも大切であり、本人の希望をよく聴取し、本人が働きやすい環境に整備することが求められます。

　なお、運送会社の場合は運転業務以外に力仕事の荷役作業が多いため、重量物を扱う作業に関して特に注意が必要になります。女性労働基準規則により、断続的作業で30kg以上、連続的作業で20kg以上の重量物を取り扱うことが禁止されており、腰痛予防対策指針では重量物の取扱いに関して、女性の場合は体重の概ね24％以下の重量制限が努力義務として設けられています。重量物の手積手卸作業がある場合は、フォークリフトを利用した機械積みの仕事に変更するなどの配慮が必要でしょう。

アフターコロナの
運送業経営戦略

Q7-13

コロナ後の経営環境において、運送業はどのように変化していくと予測されますか？

A

　新型コロナウイルスの感染拡大は、短期間に爆発的な広がりを見せ、未だ収まることなく続いています。現在はワクチンの開発と接種が進み、治療薬も順次開発され、飲み薬も実用化されるようになりました。新種のオミクロン株の感染状況には十分注意する必要がありますが、治療薬の登場によりこの2年間の酷い状況よりは少しマシになるのではと期待されます。

　感染拡大の大波小波を幾度か経ながら、近頃はようやくコロナ後についても考えられるようになりました。今回のコロナ禍は社会経済環境全般に極めて甚大な影響を与えました。企業ではリモートワークが当たり前、飲食業は一斉にテイクアウトを開始し、巣ごもり需要でEC市場が急拡大、ネット直販ビジネスも急伸、今や新車の購入もオンラインで完結するようになりました。社会のデジタル化が急速に進み、企業間の情報や会社内の管理業務全般にデジタル化が浸透する見込みです。

　私たちがこの数年で経験したコロナ禍は、時代の流れを10年進めるほどの威力でした。この経験で痛感したことの一つは、卸売業や小売業の存在意義の希薄化と物流業の社会的優位性です。これからは、真に顧客が必要とする製品（商品）を生み出すメーカーとその製品

（商品）をユーザーに届ける物流業の2本柱で日本の流通を構成する時代が到来するでしょう。運送業は近い将来、自動運転の進展やドローンの実用化等により、その形態が様変わりすると思います。しかし、ドライバーが不要になるのは、かなり先のことであり、今は人材確保に努めることが重要です。

　トラックドライバーの業務は一人でこなす作業が多く、他の業態に比べ非接触の時間が多いメリットがあるため、若者を呼び込む潜在的な魅力があります。近年、独立志向の高まりを受けて、業務委託で配送を請け負う業態が伸びていますが、2024年から始まるドライバーの残業規制や最低賃金の上昇など、雇用に伴う諸々の問題を考えると、これからは雇用契約ではなく、業務委託制度を活用した運送形態が伸びていく可能性があります。そこでは、軽トラで運べる物流システムの構築と社員が担う幹線輸送との組合せ、および業務指示が出せない業務委託制度では、その前提となる業務の標準化が必須になります。今後はデジタル化により新しい物流システムを構築した会社が大きくシェアを伸ばす可能性があるでしょう。

燃料代の高騰に直面して同業者が行っていること

Q7-14

急速な燃料価格の高騰で大変厳しい経営状況が続いています。他の運送会社はどのような対策を講じているのでしょうか？

A

2021年から2022年にかけて原油輸出国の減産体制が継続される一方、コロナ禍の終息により経済活動が一斉に再開されたため、原油の世界的需要が急速に高まり、激しい価格上昇が起きています。軽油価格についても1年間に約30円も急騰する異常事態です。特に、トラック運送業は運送原価に占める燃料代のウエイトが高いため、経営に与える影響が甚大です。この状況に直面し、中小運送会社がどのような対策を講じているのか、最近の事例からご紹介します。

A社は大型車が主体で、約半数の車両が長距離輸送に従事しています。そのため燃料代の負担が大きく、従来から燃費データを個人別に管理し、ドライバー指導に活用していました。このところの急激な軽油価格高騰を受けて対策を強化し、「エコドライブ報奨金制度」の導入に踏み切りました。燃費の向上に努力して実績を上げた従業員に報奨金を支払い、活動を促進する狙いがあります。

検討の過程で、車齢による燃費の違い、稼働率や実車率による違い等が議論になりました。トラックの初度登録年月により実燃費を修正して評価する「車齢別修正係数」を設定し、売上等の実績も加味して表彰対象者と報奨金の金額を決めることにしました。報奨金の対象は燃費改善率3％以上のドライバーとし、順位付けして、燃費の改善に

より会社全体で生じた原資の一部を還元する制度としました。

　一方、B社は地場配送が主体の会社であり、ある荷主の物流を一手に任せられ、荷主から信頼される存在でした。荷主とは日頃から密に接しており、ある程度の要望が言える関係になっていました。燃料サーチャージ制については以前検討したこともありましたが、燃料価格の変動についてはその都度、運賃交渉を行うことで乗り切ってきました。

　ところが今回の異常な急騰を受けて、制度化の必要性を強く認識し、燃料サーチャージ制について荷主と交渉を開始しました。荷主はコロナ禍で打撃を受けたこともあり、当初難色を示しましたが、B社が燃料高騰による影響を丁寧に数字で説明した結果、理解が得られ、燃料サーチャージ制を導入することになりました。基準価格は前回運賃交渉時の軽油価格では価格差が大きすぎるため、直近１年間の平均価格を基準とし、変動幅は５円刻みの設定としました。

著 者 略 歴

小山 雅敬（こやま まさのり）

コヤマ経営

　1954 年生まれ、大阪府出身。

　大阪府立三国丘高等学校、大阪大学経済学部卒業後、都市銀行へ入行。

　中小企業事業団派遣後、都銀シンクタンクで経営コンサルティング部主任研究員として経営コンサルティング業務に従事。

　1991 年　大手損害保険会社に入社。同社の営業推進部上席部長兼経営サポートセンター長として法人開拓推進および法人向け経営支援業務に従事。自ら全国を回り、3,000 社以上の経営相談や社員研修を実施。各地でセミナー講演を多数実施。特に全日本トラック協会、各県トラック協会等で多数の講演を実施。著書に、『小山雅敬の運送業経営相談室』（2015 年）、『実例に基づくトラック運送業の賃金制度改革』（2016 年。以上、日本法令）がある。

　2015 年　株式会社コヤマ経営を開業。現在に至る。

[保有資格等]

　中小企業診断士、証券アナリスト、運行管理者（貨物）、日本物流学会正会員、日本ファイナンス学会正会員

[主な経営指導内容]

　人事賃金制度の構築

　労使問題などの労務リスク対策

　次世代への事業承継対策

　幹部育成をはじめとする組織改革

　財務・経営計画、その他の経営改善

[連絡先等]

メール　　　　　koyama@koyama-keiei.com

ホームページ　http://koyama-keiei.com

小山雅敬の運送業経営相談室 Part 2	令和4年 5月 20日　初版発行

検印省略

著　者	小　山　雅　敬
発行者	青　木　健　次
編集者	岩　倉　春　光
印刷所	日 本 ハ イ コ ム
製本所	国　　宝　　社

〒 101 - 0032
東京都千代田区岩本町 1 丁目 2 番 19 号
https://www.horei.co.jp/

（営 業）	TEL	03-6858-6967	E メール	syuppan@horei.co.jp
（通 販）	TEL	03-6858-6966	E メール	book.order@horei.co.jp
（編 集）	FAX	03-6858-6957	E メール	tankoubon@horei.co.jp

（オンラインショップ）	https://www.horei.co.jp/iec/
（お 詫 び と 訂 正）	https://www.horei.co.jp/book/owabi.shtml
（書籍の追加情報）	https://www.horei.co.jp/book/osirasebook.shtml

※万一、本書の内容に誤記等が判明した場合には、上記「お詫びと訂正」に最新情報を掲載
しております。ホームページに掲載されていない内容につきましては、FAXまたはEメー
ルで編集までお問合せください。